I0846163

Introducción

Diciembre de 2016

Jack Wilson de 8 años de edad visita a sus abuelos, allí informa a su abuela que su nombre realmente era Jacquelyn.

"Abuelita, mi nombre es Jacquelyn", explicó molesto el niño mientras recibía los regalos de navidad destinados a "Jack". "Ahora soy una niña".

"¿Qué te hace pensar que eres una niña?", preguntó la abuela.

"Es mi género", dijo.

"Bien, ¿qué es un género?"

Él la miró, intrigado, y dijo: "No sé".

Amanda Wilson no había visto a su nieto en dos años. Su hija Marissa y su "esposa", comenzaron a decir que el pequeño Jack era verdaderamente una mujer cuando tenía 5 años de edad. Como la abuela no estuvo de acuerdo, cortaron todo contacto con ella, no le hablaban, ni permitían que le viera.

Poco después de que el pequeño cumpliera 7, Marissa y su "esposa" anunciaron emocionadas en los medios sociales que Jack era una niña y junto a una foto en una de las 55 clínicas que realiza cirugías transgénero en los EEUU explicaron que estaban deseosas de comenzar el tratamiento de los bloqueadores de pubertad cuando tuviera 9 años.

Cuando Marissa tenía 26 años, luego de terminar su relación con el padre del pequeño Jack, se había declarado lesbiana y comenzó a salir con una mujer. Un año después se casaron y a los siete meses su "esposa" se confesó transgénero, cambiando su nombre al de un hombre y comenzando a tomar hormonas.

La abuela comenzó a sospechar de algo extraño en febrero de 2016, en un evento donde Jack fue con su mamá. Aquel

Contenido

día vestía ropas femeninas. Unas semanas después recibió una carta de su hija diciendo que Jack era una niña transgénero y que, si la familia y amigos no afirmaban y apoyaban a la "niña", en su nueva identidad, entonces serían alejados de su vida. Por tanto, fueron forzados a llamarle "Jackquelyn", y se permitiría que algunas personas le llamaran "Jackie".

Durante el primer año los abuelos decidieron seguir la corriente como pudieran, especialmente cuando Jack estaba con ellos. Trataron de no abordar el tema del género cuando él estaba en casa. Pero cada vez que le enviábamos de vuelta a casa, su hija estaba molesta porque ellos no estaban afirmando suficientemente a Jack como niña.

Quizás por esa razón su hija les invitó a conocer una trabajadora social que aliviaría sus preocupaciones. Ella les dijo, refiriéndose a Jack: "dejen que explore su género".

En un segundo encuentro la trabajadora social, ante las preguntas de la abuela, le miró a los ojos y dijo: "Tu hija no piensa que tu nieta sea una niña: tu nieta ES una niña".

"Cuando le preguntamos sobre los bloqueadores de pubertad, decía que era algo tan insignificante como comer dulces, que eran reversibles, y no habría daño para el niño", cuenta la Sra. Wilson. Pero nosotros ya sabíamos que eso era incierto.

"Lloro cada noche pensando en esto", cuenta la Sra. Wilson, sabiendo que el desarrollo fisiológico y sexual de su nieto está siendo afectado.

Con el tiempo, la abuela ha encontrado a otras madres que sufren agonías y situaciones similares. La tristeza les abruma y admite que se automedica, bebe mucho. Ha estado yendo a un consejero para procesar su constante angustia pero no se atreve a tomar antidepresivos. Al conversar con otras madres quienes sufren a causa del activismo transgénero el tema del suicidio sale a cada rato en las conversaciones.

"Ha habido ocasiones… en creo que puedo hacerlo", cuenta Wilson en voz llena de dolor. "Pero no he querido contarles a otras madres, no quiero poner ideas suicidas en sus cabezas".

Lo que más le molesta son las amenazas de los activistas transgéneros: a menos que los niños experimenten la transición, corren mayor riesgo de cometer suicidio. El hecho es que cuando los niños transicionan, muchas veces crean ideas suicidas en sus padres y abuelos, que no están de acuerdo ni lo apoyan. Los activistas transgéneros acusan a los padres y familiares de no apoyar los deseos de los niños de cambiar de sexo acusándolos de "violencia" y de que odian a los niños cuando la realidad es todo lo opuesto.

La señora Wilson ha comenzado una batalla legal. Los abogados con que ha contactado no quieren verse involucrados. Según le han dicho, los derechos de los abuelos pueden ayudar a dar una buena pelea, pero no quieren la publicidad negativa. Por otro lado, el departamento de protección de menores no puede encargarse, la transición de género en niños, legalmente hablando, no es abuso infantil, aunque muchos médicos digan que sí lo es.

La abuela lo sabe por experiencia, ella misma fue víctima de abuso sexual a los 6 años y conoce la confusión de un niño a esa edad y las consecuencias a largo plazo para su desarrollo.

"Lo que me ocurrió cuando niña fue malo, aunque yo no sabía que estaba mal. Ahora lo sé. Y eso es lo que está pasando con mi nieto. La diferencia es que él no sabrá que está mal hasta ser lo suficientemente mayor para saber, y para entonces es probable que ya esté tan dañado que no va a poder distinguir que está mal".

Las personas en esta historia y sus ubicaciones fueron intencionalmente modificados para proteger su identidad.[i]

Abril 2020

La Facultad de Ciencias Biológicas, a través de la Coordinación del Programa de Responsabilidad Social y Voluntariado, de la Universidad Autónoma de Nuevo León, en México, publica lo siguiente:

¿Se puede dejar de ser homosexual? No. Puede que haya personas que no concuerden con esta respuesta, sin embargo podría asegurarles que dichas personas no pertenecen a la comunidad LGBTI+. Actualmente, muchos países del mundo han aprobado el matrimonio igualitario entre personas del mismo sexo y mientras este gran paso hacia el progreso es celebrado alrededor del mundo, por otro lado, también hay quienes hacen notar su desacuerdo.

Desde vergonzosas campañas en contra de la homosexualidad a crueles y cobardes ataques neonazis a homosexuales en países como **Rusia**, incluyendo, entre otras cosas, "terapias" o "tratamientos" tan disparatados como los que aseguran que "las personas pueden dejar de ser homosexuales". La llamada **terapia de reorientación sexual** prácticamente polariza a las sociedades de forma inmediata: por un lado están los fundamentalistas religiosos, personas que obviamente no están familiarizadas con lo que es pertenecer a la comunidad LGBTI+, asegurando que la homosexualidad es una opción que puede revertirse abrazando la religión. Por el otro están quienes creen que no sólo no se trata de algo que se pueda revertir, tratar o "que deba tratarse", sino que aseguran que lógicamente, no es más que algo cruel, desmoralizante e ineficaz.

Esta terapia se trata de una serie de métodos que buscan la modificación de la orientación sexual de personas con atracción sexual hacia personas del mismo sexo para eliminar sus deseos y "comportamientos sexuales". Para este fin, se aplica el método psiquiátrico y psicológico conocido como terapia de aversión, el psicoanálisis, la modificación y el moldeamiento del comportamiento, el consejo religioso y la oración.

Por supuesto que no existe la más mínima evidencia de que semejante cosa pueda funcionar para lograr semejante disparate y no es difícil sentir una mezcla de humor, vergüenza y molestia al leer sobre esta terapia. Incluso el tema puede analizarse desde las ciencias y los expertos aseguran que no hay que apresurarse a tomar una postura tan mesurada, puesto que no existen casos registrados en los que un homosexual pueda cambiar su orientación sexual o dejar de sentir atracción por personas de su mismo sexo.

Los comentarios a esta publicación son desmoralizadores [sic]:

> **Anónimo** (*martes, 17 noviembre 2020 00:59*) Quiero una de esas ayudas para quitar esos pensamientos gays y reorientarme en la heterosexualidad

> **Anónimo** (*miércoles, 03 febrero 2021 15:31*) Me meti con uno de mi mismo genero lo ise 2 veces u soy casado pero no quiero esa vida quiero la vida de mo fam a lado de mi mujer que hago

> **Anónimo** (*miércoles, 10 febrero 2021 14:32*) Hace casi 5 meses empezaron pensamientos raros sobre hombres y me dan miedo pero no estoy seguro de eso, ami me gustaban las mujeres y todo pero se quedo ese pensamiento en mi mente por ser un miedo me cuesta sacarlo, no me atrae la idea de que me guste un hombre pero cada vez que miro uno mi mente se acuerda pero no quiero tener relaciones ni nada con ellos me da asco pensarlo. Me puedo decir que puedo hacer o si solo es cosa mía esto y pronto se va a ir.

> **Anonimo** (*sábado, 27 marzo 2021 00:53*) No quiero ser gay si he tenido relaciones con chicos a escondidas pero me da asco la idea de verme en un futuro con un hombre.
> Quiero mi vida con una chica ahora tengo novia.... quisiera q ella fuera mi compañera de vida pero yo para ella creo q soy un juego ..... no volvere a estar con un chico

> **Pepito López** (*domingo, 09 mayo 2021 14:47*) Hola comunidad! Yo persomalmente desde bien pequeño me he sentido atraído por chicas y chicos. He tenido relaciones sexuales con mujeres, hombres y transexuales.
> Ahora tengo pareja (mujer). La pornografía que más me

atrae es la de chicos gays. Y ahora me encuentro que estamos al borde del abismo, según Profecía Bíblica a lo "Sodoma & Gomorra"... Y no es fácil dejar ésta orientación.

juan (*sábado, 15 mayo 2021 20:11*) yo también estoy confundido, con mi sexualidad y no quiero estarlo ya que en la escuela me gustaban las chicas y ahora tengo fetiches y me hace pensar que puedo ser gay o sea algo genético y no sé que pensar de eso , pero pido ayuda

Esteban (*domingo, 11 julio 2021 09:43*)

Quiero dejar la homosexualidad y tener novia ayuda por favor

La Facultad de Biología, hasta Mayo de 2023, no ha dado respuestas a estos comentarios.[ii]

Noviembre de 2021

Una noticia conmociona al mundo, en la Pampa, Argentina la muerte de un niño de cinco años desencadena protestas y conmoción mundial. El niño había muerto de hemorragia interna provocada por una paliza, la autopsia posterior registró politraumatismo, hemorragia interna, y heridas consistentes con abuso sexual. Había mordeduras, marcas de cigarrillo, y hematomas en su cuerpo.

Su madre era lesbiana y junto a su pareja del mismo sexo fueron detenidas a raíz del suceso por la justicia argentina. Sin embargo, el padre del niño testificó que llevaba reclamando la custodia del niño desde hacía casi dos años. El padre dice que había hecho denuncias y que el niño había tenido que ser hospitalizado al menos cinco veces anteriormente por las golpizas que recibía. Pero la policía nada hacía.

Según la investigación realizada después de la muerte del pequeño Lucio, las dos mujeres "agredieron físicamente al menor en forma conjunta".

La pareja de lesbianas solía llevar al pequeño a desfiles feministas y a favor del aborto en Argentina. En los desfiles se le veía inocente, con yesos por sus huesos rotos mientras su madre y tutora luchaban por "poner fin a la violencia de género". [iii]

Diciembre de 2021

El influencer transgénero Oli London entrega su corazón a Jesús y unos meses después hace público su arrepentimiento a su vida anterior.

"En realidad, empecé a ir a la iglesia hace tres meses y ahora voy varias veces a la semana", dijo a CBN News. "He estado leyendo la Biblia, he estado aprendiendo en línea, y viendo videos de YouTube sobre las enseñanzas de Jesús y eso me ha ayudado realmente en mi detransición. Me hizo darme cuenta de que Dios me hizo de la manera que lo hizo (y) sólo debo quedarme con quien soy, ser quien soy, y simplemente encontrar la felicidad".

Nacido como hombre caucásico, London se había sometido a 32 cirugías plásticas por un total de más de 300.000 dólares para parecerse a una mujer coreana. Estaba a punto de viajar a Bangkok (Tailandia) para someterse a una cirugía de reasignación de género y ponerse implantes mamarios cuando Dios empezó a ocuparse de su corazón.

"Iba a la iglesia y pensaba: '¿Por qué estoy haciendo esto? ¿Cuál es la razón detrás de esto? Dios me hizo como soy y no debería estar persiguiendo esto, no está bien", compartió.

En un vídeo de YouTube titulado "Explaining my Detransition" ("Explicando mi transición"), London explicó a sus 60.000 suscriptores que, tras vivir como mujer durante los últimos seis meses, ahora quería vivir como hombre. Cree que si se hubiera operado se habría arrepentido.

"Estaba experimentando disforia de género y había arruinado mi vida y era súper infeliz", dijo a CBN News.

London es la última y más destacada figura en destransicionarse y se une a un montón de otros que comparten que alterar su género no les hizo la vida más fácil.

La decisión del joven de 32 años no ha estado exenta de críticas.

"Casi siento que el lobby trans se ha convertido en una secta",
explicó. "Dejé la comunidad trans y de repente me atacan. Intentan
deshumanizarme. Me insultan en Internet, me comparan con gente
muy horrible. Vi un tuit en el que me comparaban con Hitler, pero
sabes que simplemente lo ignoro y no presto atención al odio".

London utiliza ahora su plataforma para hablar de los efectos
nocivos de la promoción de los tratamientos para transexuales entre
los menores.

"Sólo quiero hablar porque hay mucha gente ahí fuera que está
confundida sobre quiénes son", dijo. "Sólo quiero que la gente sea
como ha nacido, como Dios manda".

En cuanto a su viaje, London admite que está dando un paso a la
vez, pero sabe que Dios lo está guiando.

Recientemente tuiteó: "El cambio no siempre es fácil. Me estoy
esforzando cada día a través de Dios y la oración para convertirme
en una mejor persona y centrarme en difundir la luz y el mensaje de
Dios en el mundo. Todo lleva su tiempo. Por favor, dame la
oportunidad de reformarme y ser mejor persona".[iv]

Febrero 2022

Reed trabajó durante cuatro años en el Centro Transgénero de la
Universidad de Washington en el Hospital Infantil de St. Louis. Según
cuenta, el centro consideraba que «cuanto antes se trata a los niños
con disforia de género, más angustia se puede prevenir más
adelante», una premisa al parecer compartida por los médicos y
terapeutas del centro.

«Trabajé en la clínica como administradora de casos, era
responsable de la admisión y supervisión de pacientes», explica
Reed, que asegura que durante ese periodo en el que estuvo allí
atendieron alrededor de 1.000 jóvenes que llegaron angustiados.
«La mayoría de ellos recibió recetas de hormonas que pueden tener
consecuencias que alteran la vida, incluida la esterilidad», denuncia.

Reconoce que decidió abandonar la clínica en 2022 «porque ya no
podía participar de lo que allí sucedía» y que lo que está sucediendo
con los adolescentes es «moral y médicamente espantoso».

«Poco después de mi llegada al Centro Transgénero, me llamó la atención la falta de protocolos formales para el tratamiento», señala. Reed narra sorprendida como en un momento determinado, en el centro se comienza a producir un aumento dramático de adolescentes (mayoritariamente chicas) que se declaran transgénero y que exigen un tratamiento inmediato con testosterona. «A veces llegaban grupos de chicas de la misma escuela secundaria», describe.

La ex trabajadora de la clínica muestra la facilidad con que los pacientes comenzaban el tratamiento de transición: para empezar, se necesitaba una carta de apoyo de un terapeuta, generalmente uno recomendado por el propio centro, al que se visitaban una o dos veces para tener el visto bueno. Luego visitaban al endocrinólogo para una prescripción de testosterona.

«Cuando una mujer toma testosterona, los efectos profundos y permanentes de la hormona se pueden ver en cuestión de meses. Las voces caen, las barbas brotan, la grasa corporal se redistribuye. El interés sexual estalla, la agresividad aumenta y el estado de ánimo puede volverse impredecible. A nuestros pacientes se les informó sobre algunos efectos secundarios, incluida la esterilidad. Pero después de trabajar en el centro, llegué a creer que los adolescentes simplemente no son capaces de comprender completamente lo que significa tomar la decisión de ser infértil cuando aún son menores de edad», dice Reed. [v]

Marzo de 2022

Will Thomas, un nadador profesional en competencias masculinas nacionales decide, en mayo de 2019, declararse mujer, cambiarse el nombre por Lia Thomas y competir en torneos femeninos. En Noviembre de 2019 competía como hombre, pero cuatro meses después ya estaba compitiendo como mujer. El 17 de Marzo de 2018 (4 meses después) derrota a dos subcampeonas olímpicas, Erica Sullivan y Enma Weyant y se corona campeón nacional en nado femenino batiendo todos los récords femeninos de la Universidad de Pensilvania en estilo libro 200 y 500 metros.

A raíz de este suceso, los padres del equipo de natación femenino de la Universidad de Pensilvania han protestado y exigen a la NCAA que cambie las reglas que han permitido a la nadadora transgénero Lia Thomas dominar la competencia, declarando que 'aquí está en juego la integridad de los deportes femeninos'. Los padres de unos 10 nadadores enviaron una carta la semana pasada a la NCAA y la remitieron a los funcionarios de la Ivy League y la Universidad de Pensilvania.

Algunas competidoras confesaron, es imposible derrotar a Lia Thomas, es "intimidante" y "desmoraliza". En medio de la polémica, los familiares de las deportistas prefieren mantener su anonimato por miedo a represalias: 'Las nadadoras tienen sentimientos encontrados. Muchas quieren hablar, pero no lo hacen porque creen que las condenarán al ostracismo. Todo el mundo tiene miedo", afirmó una de las madres: "Ninguna quiere hablar: tienen miedo a las represalias".

En una carta finalmente redactada por Nancy Hogshead-Makar, ex nadadora olímpica quien dice hablar en nombre de 16 nadadoras de Pennsylvania, que no han querido, por miedo, dar su nombre. Hogshead-Makar asegura que quería ayudar a las nadadoras a contar lo que, según ellas, no pueden decir públicamente:

"Lo que más les preocupa es que la dirección se centre en Lia y no en los otros 40 miembros del equipo", dijo. "Les han dicho que si hablan nunca tendrán trabajo, la gente verá su nombre en Internet y dirá: transfóbica, no la queremos", denuncia Hogshead.

Al horror que viven las jóvenes del equipo de natación universitario se suma el tener que compartir el vestuario con la supuesta mujer de más de 2 metros de altura, quien conserva sus genitales masculinos, y no se los cubre en el vestuario, mientras observa a verdaderas mujeres desvestirse. "Para mí esa experiencia fue peor que la competencia en cuestión", decía una competidora.

Para colmo en Julio de 2022, la Universidad de Pensilvania nominó a Thomas como "mujer del año" por "sus logros atléticos".

Marzo de 2023

Una mujer que se identificaba como hombre transgénero de 28 años, y estaba en medio de una transición para cambiar al sexo masculino, armada con dos rifles semiautomáticos y una pistola, irrumpió en el Colegio de la Alianza. En esta escuela cristiana privada de la ciudad de Nashville, en el estado de Tennessee, en Estados Unidos, asesinó a tres niños y a tres adultos al azar antes de morir alcanzada por los disparos de las fuerzas del orden.

Audrey Hale se identificaba como hombre, prefería el pronombre "él" y hacía poco había anunciado ser transgénero.

Había planificado el ataque previamente, marcando en un papel las entradas, salidas, y ubicación de las cámaras de seguridad de la escuela. Según la policía la mujer es egresada de la escuela que acoge niños hasta la edad de 11 años. Se asume que albergaba resentimientos contra el colegio.

- "Esto es básicamente una nota de despedida. Espero morir hoy. Probablemente, sabrás de mí después de que muera", sostiene Audrey Hale en el mensaje que envió a su compañera de básquet, Averianna Patton.

- "Te queda mucha vida por vivir" respondió Averianna

- "solo necesito morir [...] mi familia no sabe lo que estoy a punto de hacer".

En una entrevista Patton agregó: "Audrey había tenido tendencias suicidas en el pasado y yo sabía que debía tomármelo en serio", por eso llamó a las autoridades, pero ya era muy tarde. Los tres niños asesinados tenían cada uno 9 años.

Hasta hoy (seis meses después) aunque se manejan diferentes teorías, no se conoce realmente cuales fueron las razones de este asesinato-en-masa/suicidio. Audrey dejó un manifiesto, supuestamente explicando sus razones, pero la policía, después de la presión de diversos grupos LGBTI, no lo ha hecho público.

Mayo de 2023

Una maestra cristiana inicia acciones legales en Reino Unido contra la escuela que le expulsó por no usar los pronombres de género preferidos por una niña de 8 años. La maestra, cuyo nombre no se menciona para proteger la niña, también afirmó que a pequeña se le permitía utilizar los baños de los varones durante su período de transición.

Esto provocó su inquietud y compartió, con la escuela, su preocupación por el bienestar de la niña. La escuela, a cargo del Concilio del Condado Nottinghamshire, estaba ayudando a la transición de niña a niño desde hacía dos años, y exigía que todo el personal utilizara los pronombres masculinos para referirse a la niña.

Al escuchar a maestra, la dirección le informó que la niña sería quitada de su aula, para "protegerla de cualquier daño potencial". Luego se le advirtió que sus creencias personales podrían ser una violación directa del GDPR y un acto de discriminación directa". Fue suspendida y puesta bajo investigación disciplinaria por supuestamente "rehusar una orientación administrativa".

"Los maestros son presionados para que no cuestionen las políticas que afirman a los trans, incluso cuando la evidencia demuestra que ese enfoque expone a los niños a riesgos severos", afirmó la maestra. [vi]

16 de mayo 2023

Uno de cada diez escolares en Reino Unido quiere cambiar su género, o ya lo ha hecho. Los tanques pensantes en Civitas descubrieron que el 54 % de estos adolescentes también dicen conocer a alguien en su escuela que ya ha cambiado de género. Que un tercio de los adolescentes del Reino Unido, entre las edades 16 a 18, reciben la enseñanza de que las mujeres pueden tener un pene. A un veinte por ciento se les enseña que los hombres pueden quedar embarazados. [vii]

16 de mayo 2023

Sarah Bonner maestra de enseñanza media en Illionois durante 20 años. Comienza unas sesiones de "prueba de libros" para estudiantes.

"Quería darles algunos libros básicos de ficción o no-ficción para que escogieran ese "Lunes de Lectura", dijo la maestra a TODAY.com: "solo queríamos celebrar libros".

"El miércoles recibí información de que los padres habían obtenido fotos de ese libro que sus hijos llevaron a casa consigo", dijo Bonner, "el viernes supe que los padres habían presentado una denuncia contra mí por poner en peligro a menores de edad".

El libro que hizo sonar las alarmas, se llama "This Book is Gay" [Este Libro es Gay], y está enfocado en guiar a los adolescentes de 14 a 17 años en el descubrimiento de su identidad sexual. Según el autor, un hombre transexual que se identifica como mujer, el libro es un manual de instrucción entretenido e informativo para cualquiera que quiera volverse gay, bisexual, o trans. Provee guías para que los menores de edad se encuentren con adultos gay para tener relaciones homosexuales, cómo romper el hielo con un desconocido, cómo usar aplicaciones de citas, a qué lugares ir, cómo involucrarse en actividades homosexuales, y sobre consumir los residuos corporales de otros hombres adultos.

A pesar de esto, la autora del artículo de TODAY.com, presentó a la maestra como una heroína luchando contra conservadores radicales que quieren prohibir el acceso a la cultura y a los libros. Presentándola como una abogada a favor de la libre expresión para proteger a los jóvenes adolescentes. La autora del artículo omite las razones reales por las cuales la maestra fue acusada, y cuál es el verdadero propósito del libro que busca crear confusión e inseguridad en los adolescentes a la vez que les da herramientas para facilitar que pedófilos adultos se involucren con ellos en actividades sexuales homosexuales. [viii]

19 de mayo 2023

Poder Judicial en Cusco autorizó el reconocimiento del cambio de sexo, en acta de nacimiento y en Documento Nacional de Identidad (DNI), a favor de una mujer que solicitaba que se le identifique como varón. De esta manera, continúan los precedentes para el reconocimiento de derechos a personas trans en Perú.

****

Historias

El corazón de Leydi le apretaba de tal manera que apenas podía respirar. Los ojos enrojecidos por las lágrimas temblaban desconcertados. Se había dejado caer sobre el borde de la cama mientras, desconsolada, trataba de enfrentar esta nueva situación.

Delante estaba Marcos, sentado, con la vista fija, incapaz de mirar el rostro de su confundida esposa. Los niños dormían plácidamente en la habitación de al lado, mientras, a solo unos pasos, el cuarto de mamá y papá se había convertido en un terrible abismo de desesperación.

¿En qué había fallado? ¿Qué iba a hacer ella ahora? ¿Y los niños? ¿Qué es eso de que ahora él estaba "saliendo del closet"? Y lo que habían vivido hasta entonces ¿había sido mentira? Un torbellino de preguntas la atormentaba. Lo miraba y no podía hacerse la idea de que su matrimonio se había destruido y su esposo la abandonaba... por otro hombre.

Marcos seguía sentado, como avergonzado, en sus ojos quedaban restos de maquillaje. Leydi le miró, y por primera vez, notó algunos gestos delicados que siempre le habían parecido insignificantes ¿Cómo no lo había notado antes? Apenas podía controlar el temblor desesperado de sus manos que jugueteaban nerviosas con el paño de la cocina ¿"Normal"? ¿Quién le dijo a él que eso era normal? ¿Y los niños? ¿Qué digo ahora a los niños? ¿Les digo que su papá ahora dice que quiere ser su mamá? ¿Qué ley me obliga a participar de esta farsa? ¡Nunca firmé para esto!

Sonó el timbre y ambos lo ignoraron. El universo era ahora la habitación. Pero el timbre insistió y Marcos se levantó. Tímido, tomó la maleta que tenía preparada y se fue.

Leydi se quedó sentada, a lo lejos escuchó la voz de otro hombre, y después un suave portazo.

Aquel no era el fin, sino el comienzo de un mundo que llegaba a su vida.

****

Michael admiraba a Arsenio. Desde que su padre se fue, dejándole solo con su madre y su hermana, sentía que no tenía un amigo con quien compartir. Disfrutaba todas las tardes ir al taller de su amigo, allí conversaban se divertía. Era agradable tener una figura masculina que imitar, diferente de la fuerte y perenne presencia femenina que siempre tenía en casa.

Con Arsenio los temas de conversación eran más agradables, podía salir, hablar de mujeres, deportes, hacer chistes sucios, y cosas de hombres. Pasaban mucho tiempo juntos y había llegado a ser su segundo padre… hasta un día.

Pero la amistad había terminado abruptamente y Arsenio evitaba a Michel. Pero todo se "aclaró" un tiempo después. En un parque vacío, en la tranquilidad de la soledad y el silencio, al aire libre. Arsenio le contó que no podía seguir viéndole, porque era homosexual y siempre se había sentido atraído por él.

Con sus 13 años, Michael no comprendió la complejidad de la difícil decisión que se le pedía tomar entonces. La única manera en que podía seguir teniendo un "padre" era si le "mostraba" amor. No sabía qué hacer. Después de varios días de confusión, y de mucha soledad, Michael decidió "comprar" a su padre, con su "amor".

Hace 11 años de aquel día, y aunque se ríe muy alto delante de todos, desde entonces nunca ha sido verdaderamente feliz. Nadie en el barrio conoce a ciencia cierta su secreto, aunque hay rumores. La economía le va muy bien, visita lugares costosos y usa ropa cara. Pero él sabe que nunca se casará, nunca tendrá familia, y que nunca podrá salir de "ese mundo". Aunque ya hace muchos años que Arsenio desapareció de su vida, aun vende su cuerpo en el vedado habanero, por veinte dólares muestra su amor a algún desconocido, y descubre el que la vida ha sido muy cruel. Nunca recuperó a su padre, y tarde se percató de que aquel hombre nunca quiso realmente ser un padre, el mundo se le volvió gris con engañosos matices claros.

La ideología de género en la sociedad

¿Qué está ocurriendo en nuestra sociedad? ¿Por qué cada vez más jóvenes adoptan una nueva identidad de género? ¿Por qué renuncian a sus familias, amigos, y cuerpos para vivir conforme a un nuevo género? ¿Es esta la evidencia de un problema que siempre ha azotado a la sociedad pero que hoy, gracias a sus defensores, está saliendo a la luz? ¿Debe combatirse la ideología de género un problema o aceptarse como algo normal que la sociedad ha oprimido durante miles de años? ¿Cuál es el enfoque más saludable hacia una persona que dice tener un género diferente al de su cuerpo biológico? ¿Es cierto que el homosexual nace homosexual? Si, al final no hacen daño a nadie, ¿por qué no los dejamos y ayudamos a ser felices?

Hoy en día se habla de identidad de género y derecho de los homosexuales, en todas partes aparece la agenda LGBTI, en la televisión, la prensa, el internet, la música, unas zapatillas de tenis, una lata de cerveza.

El homosexualismo ha dejado de ser la ideología de unos pocos para incluir a numerosos individuos de los más diversos trasfondos sociales. Los homosexuales tienen organizaciones, directrices, voces públicas, y leyes que les confieren privilegios que antaño eran impensables.

En los medios audiovisuales los homosexuales son presentados como víctimas de una malinterpretación histórica. Se enseña que son seres humanos sensibles y representan un modelo a imitar por la sociedad.

Desde el punto de vista cristiano, la ideología de género es un desafío teológico-doctrinal. Existe toda una serie de argumentos de la ideología de género que son un claro desafío a las verdades bíblicas.

Ante estos argumentos "científicos y progresistas" la comunidad cristiana ha optado por aceptar la Biblia tal y como es. Creyéndola a pesar de la oposición masiva de los medios de comunicación, las comunidades médicas, las organizaciones sociales, y los voceros políticos.

Nos guste o no, el impacto del movimiento LGBTI ha sido tan abarcador en la sociedad occidental, que no se puede ignorar y esperar que pase de moda. Muchísimos artistas, influencers, políticos, y músicos de fama internacional hoy se declaran homosexuales. Millones de adultos en todo el mundo hoy se confiesan abiertamente homosexuales, pero también jóvenes, y niños. Ya no es una conducta de unos pocos, o una tendencia pasajera, hay suficientes individuos de esta generación, y de las próximas generaciones que ya han sido cautivados por esta corriente del pensamiento. Ignorar su influencia no es la solución. La misión de la iglesia es amar al prójimo y acercarlos a Dios quien es la máxima expresión de amor. Por tanto, es tiempo de que la iglesia se interese, comprenda, y muestre su amor por los adultos, jóvenes, y niños que abrazan esa ideología moderna.

En este libro, busco descubrir cuán ciertos son los argumentos de la ideología de género, y aplicar ese descubrimiento a la doctrina bíblica y práctica cristiana con relación a la vida en la familia, en la sociedad, y la ideología de género. Además, a partir de esos descubrimientos, espero presentar algunas sugerencias, directrices, y enfoques para que la iglesia se adapte a esta realidad.

Debido a la gran cantidad de fuentes que se utilizan para preparar este material, he decidido citar solo las más importantes. No obstante, cualquiera de estos temas los puede consultar en la abundante literatura escrita sobre el tema por los mismos defensores de esta ideología, las situaciones que han sido noticias internacionales, y por supuesto documentaciones profesionales disponibles en bibliotecas especializadas.

¿Cuáles son los conceptos de ideología de género?

Hay una serie de postulados sobre los que los defensores de la ideología de género fundamentan su activismo.

- ✓ **Género como una construcción social:** El género no es simplemente una cuestión biológica o determinada por el sexo asignado al nacer, sino que es una construcción social y cultural que se desarrolla a lo largo del tiempo. Se argumenta que los roles de género, las expectativas y los comportamientos asociados con ser hombre o mujer son aprendidos y no están fijados de forma innata.

- ✓ **Diversidad de género:** Existen diversas identidades de género más allá de las categorías binarias tradicionales de hombre y mujer. Reconoce la existencia de personas transgénero, género no binario, género fluido y otras identidades de género.
- ✓ **Identidad de género autodeterminada:** Las personas tienen el derecho a autodefinirse y expresar su identidad de género de acuerdo con su propia experiencia y sentido interno, sin ser limitadas por las expectativas o normas tradicionales asociadas con su sexo asignado al nacer.
- ✓ **Igualdad de género:** Debe existir igualdad de derechos y oportunidades para todas las personas, independientemente de su identidad de género. Aboga por la eliminación de la discriminación basada en el género y la construcción de una sociedad más equitativa y justa.

A partir de estos postulados oficiales, utilizan estrategias de ingeniería social a fin de modificar, a largo plazo, el comportamiento humano en tantos lugares como sea posible.

Planificando y poniendo en práctica técnicas y estrategias para influir y manipular deliberadamente el comportamiento humano. Utilizan la psicología humana y las interacciones sociales buscan lograr lo que llaman una "sociedad más inclusiva". Estas estrategias son especialmente utilizadas en jóvenes y niños, quienes son más vulnerables y tienen menos experiencia para identificar los intentos de manipulación, para protegerse de ellos, y para comprender las consecuencias a largo plazo de muchas decisiones.

Estas son algunas de sus técnicas:

Educación en diversidad de género: Fomentar la comprensión y aceptación de las diversas identidades de género y orientaciones sexuales. Esto lo hacen a través de programas educativos, talleres, materiales didácticos y promoción de políticas inclusivas en todas las instituciones educativas. Con el fin de normalizar la ideología de género, preparan material pedagógico sobre sexualidad para jóvenes universitarios, y para niños, incluso de edades preescolares.

Ellos justifican su invasión pedagógica afirmando que el conocimiento de la sexualidad y la eliminación de los estereotipos sociales en edades tempranas promueve la igualdad, combate la discriminación y el acoso, fomenta el respeto y la empatía, mejora la salud y el bienestar, prepara a las personas para un mundo diverso. Sin embargo, la mayoría de sus enseñanzas no se enfoca tanto en promover el respeto como en predicar la ideología de género y promover sus enseñanzas, exhortando a estudiantes a descubrir su verdadero género, a explorar nuevas experiencias sexuales, y a rebelarse contra las instituciones de la familia tradicional. Además enfatizan las emociones como argumento supremo, mitificando la experiencia de género y satanizando todo pensamiento racional como insensible, indolente, cruel, etc.

Modificación del lenguaje: Impone el uso de un lenguaje más inclusivo que reconozca y visibilice la diversidad de género. Esto puede incluir el uso de pronombres neutros, como "elle" o "hen" en lugar de los pronombres binarios tradicionales "él" o "ella", y el uso de términos más inclusivos y no sexistas. Un ejemplo de redefinición del lenguaje con doble intención es la eliminación y censura del término homosexualismo, y su sustitución por el término homosexualidad, la redefinición del término "mujer" como "persona menstruante", y la redefinición del término "pedófilo" como "persona que siente atracción por niños", algo que, según ellos, "no es inmoral".

Promoción de políticas de igualdad de género: Promueve políticas que buscan garantizar la igualdad de derechos y oportunidades para todas las personas, independientemente de su identidad de género. Esto puede incluir leyes que protejan contra la discriminación de género, el reconocimiento legal de la identidad de género autodeclarada y la implementación de políticas de igualdad salarial. Para este propósito realizan actividades culturales, incluyen la agenda LGBTIQ+ en medios sociales, filmes, e incluso dibujos animados. Recientemente han estado promoviendo espectáculos queer para infantes, donde hombres vestidos de mujeres cantan y danzan en ropa de mujer y haciendo movimientos sexualmente explícitos. Además demandan que las diferentes entidades legales internacionales emitan documentos de identidad que oculten la identidad biológica del individuo y señalen la identidad autodeclarada por cada persona, así mismo la legalización de matrimonios homosexuales, y la obligación de que en lugares públicos, religiosos, o científicos se les trate según su identidad autodeclarada (esto incluye participación en eventos deportivos según la identidad autodeclarada, la obligación de que las iglesias oficien casamientos homosexuales, la obligación del estado de financiar tratamientos de cambio de sexo, la prohibición legal a los padres a educar a sus hijos según su sexo biológico, la obligación de incluir materiales de estudio de género en todos los planteles escolares y en todas las edades).

Sensibilización y activismo: La ideología de género también puede promover la sensibilización y el activismo para abordar y combatir la discriminación y la violencia basada en el género. En este sentido, realizan campañas de concientización, manifestaciones, movimientos sociales y defensa de los derechos de las personas LGBTQ+. Estas campañas buscan promover un modelo diferente a la familia tradicional, criticando toda voz que se levante con un argumento diferente. Aunque algunas son pacíficas, otras pueden llegar a ser muy provocadoras verbal y físicamente, agrediendo personas, pintando propiedades públicas, y usando vestuarios con contenido sexual provocativo delante de menores de edad a los que invitan a estos eventos.

La agresividad, alcance, y masividad de las estrategias de ingeniería social de los activistas por la diversidad de género, si bien no tendrán el resultado de modificar a toda la humanidad, sí están teniendo resultados focalizados en grandes cantidades de personas confundidas a nivel mundial, muchos de ellos niños y jóvenes. El número de cirugías de cambio de sexo ha aumentado en varios miles en Estados Unidos y Europa, en algunos casos incluso en niños. Ya no son solo un grupo de personas que tienen un estilo de vida diferente y viven "en su mundo". Ahora los movimientos LGBTIQ+ tienen maestros en las escuelas de nuestros hijos, están en las noticias promoviendo su agenda, en las novelas, en los dibujos animados.

Entendiendo el argumento

Como amigos, vecinos, familiares, y padres, debemos aceptar la realidad del conflicto que nos rodea. Al ignorarla no desaparecerá, por el contrario, muchas veces se verá fortalecida aprovechando nuestra pasividad.

Por un lado, el movimiento LGBTI es agresivo, no solo busca ser reconocido, además busca imponerse, derribando de paso las estructuras sociales tradicionales de la fe, la paternidad y maternidad, la familia, la sexualidad, el razonamiento, la prudencia, la moral, y el decoro. Sus esfuerzos, como ya vimos son abrumadores y están respaldados por organizaciones políticas poderosas y recursos económicos ilimitados. Por otro lado, nuestros hijos, amigos, y seres queridos están de por medio, abrazando muchos de ellos estos conceptos y entregando a esa ideología no solo su presente, sino su futuro de un modo irreparable.

¿Qué debemos hacer? ¿Cómo lidiar con un movimiento que con todas nuestras fuerzas entendemos errado y que a la vez es tan agresivo? ¿Cómo lidiar con los argumentos de nuestros hijos, los nuevos términos, los nuevos criterios? ¿Será que estamos luchando contra una revolución necesaria? ¿Será que tienen razón y estamos demasiado cegados por las tradiciones?

La Biblia nos hace un llamado a:

> "[...] santificad a Dios el Señor en vuestros corazones, y estad siempre preparados para presentar defensa con mansedumbre y reverencia ante todo el que os demande razón de la esperanza que hay en vosotros" (1ra de Pedro 3:15)

Por tanto, eso es lo que haremos, llenaremos nuestros corazones de amor, mansedumbre, misericordia, y de todo lo bueno para consagrarnos a Dios; y nos prepararemos para presentar defensa con "mansedumbre y reverencia" de nuestros argumentos.

El primer argumento que presentan los acólitos de la ideología de género es humano: hay una crisis. Existe un grupo no pequeño de individuos en el mundo quienes viven una crisis interior, existencial, de vida o muerte. Están en sufrimiento, dolor y agonía interior, y necesitan nuestra empatía, ayuda, y comprensión.

Es aquí donde la santidad de Dios se manifiesta en nuestros corazones y en nuestro modo de vivir. Hay un ejemplo muy claro en la Biblia de cómo debemos actuar en este sentido: la parábola del buen samaritano (Lucas 10:25-37), narrada por Jesús. En la historia, un hombre judío es asaltado y abandonado herido junto al camino, luego de que varios judíos ignoraran su estado, un samaritano decide socorrerle, y ayudarle a un gran costo personal. Jesús, por supuesto recomienda que seamos como el samaritano. Lo interesante de esta historia es la selección de los personajes que el Maestro hace: el samaritano y el judío. No había un mejor ejemplo de una peor relación en aquella época. Entre estos dos grupos había diferencias religiosas, raciales, políticas, históricas, ideológicas, y culturales, las diferencias eran tan radicales que los judíos y samaritanos ni siquiera se dirigían la palabra entre sí. Para Jesús la empatía activa del samaritano reflejaba el mandamiento de Dios: "amarás a tu prójimo como a ti mismo".

Así que lo primero que haremos será "santificar al Señor en nuestros corazones". Hay mucha ira y frustración y dolor en el corazón de quienes han experimentado de primera mano lo que se pierde cuando un ser querido decide abrazar esa ideología. Sin embargo, antes de comenzar a "preparar nuestra defensa" a analizar con sinceridad los argumentos de este movimiento, es necesario llenar nuestros corazones de amor, piedad, empatía, y compasión. No me malinterprete, por ahora solo estamos hablando de una actitud del corazón. En la parábola de Jesús no fue necesario que el samaritano abrazara la ideología del judío para mostrarle amor. Así, nosotros mostramos amor a todos, y lo hacemos de un modo activo independientemente de su ideología.

 Sé que este paso puede ser difícil y requiere lidiar con grandes conflictos y fuertes emociones en nuestro interior. Por eso le doy un truco que he usado cuando me he sentido en situaciones similares: ore.

Hay un poder tremendo en la oración, Dios es capaz de santificarnos, renovarnos, y llenarnos sobrenaturalmente de su amor.

> "Humillaos, pues, bajo la poderosa mano de
> Dios, para que él os exalte cuando fuere
> tiempo; echando toda vuestra ansiedad sobre
> él, porque él tiene cuidado de vosotros.
>
> Sed sobrios, y velad; porque vuestro
> adversario el diablo, como león rugiente, anda
> alrededor buscando a quien devorar; al cual
> resistid firmes en la fe, sabiendo que los
> mismos padecimientos se van cumpliendo en
> vuestros hermanos en todo el mundo.
>
> Mas el Dios de toda gracia, que nos llamó a su
> gloria eterna en Jesucristo, después que
> hayáis padecido un poco de tiempo, él mismo
> os perfeccione, afirme, fortalezca y
> establezca. A él sea la gloria y el imperio por
> los siglos de los siglos. Amén" (1ra de Pedro
> 5:6-11).

En mi caso, mientras más intensa es mi desazón, más intensa ha sido mi oración, y he visto la respuesta divina: fuerzas que no entiendo y un amor incomprensible que fluye desde mi corazón hacia esas personas por quienes estaba orando. Si es cristiano, le animo a deleitarse en la meditación de la Biblia, el libro de los Salmos es muy útil a la hora de meditar y orar por el sufrimiento humano. Si no lo es, busque a Dios en Cristo Jesús lo antes posible, Él es el mayor consuelo y la mejor ayuda, acérquese a una iglesia evangélica local donde prediquen con amor la Palabra de Dios y comience su peregrinaje con Cristo. Será una aventura muy retribuyente.

De cualquier forma, la parte de lidiar con nuestros corazones es algo privado y muy interno de cada persona. Por tanto, esto es todo lo que voy a decir sobre ese aspecto ahora.

Lo segundo que haremos es "prepararnos" para presentar defensa con mansedumbre. Para ello es esencial entender los argumentos de este movimiento y comprender cuánto tienen de razón y si en algo están equivocados. A partir de ese análisis podremos determinar si es necesario o no derribar sus argumentos o abrazarlos.

El género como construcción social

El primero de los cuatro postulados que mencionamos anteriormente es que los géneros masculino y femenino son un concepto impuesto por la sociedad. Mientras que el género real es una parte intrínseca de la identidad personal.

La idea de que el género es una naturaleza metafísica separada de nuestra naturaleza biológica es un concepto es muy similar al gnosticismo que surgió entre los siglos I y IV d.C. Los gnósticos de aquella época decían poseer un conocimiento especial o revelación que les permitía comprender la naturaleza espiritual y el origen real del ser humano. Algunos decían que el cuerpo material era imperfecto o incluso malvado, mientras que el espíritu o la chispa divina dentro de cada individuo era lo que en realidad importaba. En algunas ramas del gnosticismo, se consideraba que la materia y el cuerpo eran intrínsecamente malos o corruptos, y que el objetivo era liberar el espíritu o el alma de la prisión del cuerpo para alcanzar la verdadera realidad espiritual. Estas corrientes a menudo promovían una visión dualista, en la cual el espíritu o el alma se veía como algo superior y más valioso que el cuerpo y la materia.

El concepto de que el género como identidad intrínseca del individuo está en conflicto con su cuerpo y es superior al cuerpo es una idea que ya se manejó en la historia de la humanidad y no prosperó. Eventualmente el gnosticismo, como movimiento filosófico-religioso fracasó y desapareció, hasta hace unos pocos años... con otro nombre.

¿De dónde sale la moderna religión-filosofía gnóstica?

Por sorprendente que parezca, las primeras personas que comenzaron a presentar las diferencias entre un hombre y una mujer como un problema fueron Marx y Engels. En el Manifiesto Comunista, estos autores hablan del rol de la mujer como instrumento para la explotación dentro de la familia. Este énfasis hizo que los movimientos feministas comenzaran a desafiar las ideas tradicionales de género, planteando que las normas y roles de género pueden limitar y perpetuar las desigualdades entre los sexos.

A comienzos del SXX, hubo numerosos estudios que exploraron cómo las interacciones sociales, la socialización temprana, la educación, los medios de comunicación y otros factores influían en la construcción del individuo. Algunos estudios, como el conductismo, liderado por psicólogos como John B. Watson y B.F. Skinner, enfatizaban que la conducta humana es moldeada por el ambiente y el aprendizaje.

Según esta perspectiva, los comportamientos son el resultado de estímulos y respuestas condicionadas a través de la experiencia y el condicionamiento. En su versión clásica, el énfasis estaba en la relación entre el estímulo y la respuesta, y en cómo el aprendizaje social y el reforzamiento y castigo moldeaban la conducta observable. Además, se consideraba que los aspectos biológicos eran menos relevantes en el análisis y explicación de la conducta, en contraste con los procesos de aprendizaje y las influencias ambientales.

Estos estudios, y otros, dieron lugar a la idea de que somos seres atrapados dentro de modelos transmitidos por generaciones y que, en realidad, nuestro ser interior es más amplio.

La dualidad simplista, individuo-cuerpo, de esta filosofía elimina al factor divino del Creador en la ecuación, dando por hecho que el alma es reprogramable a través de estímulos externos (sociales) o internos (psicológicos), e ignorando la configuración del alma por un modelo superior, ideal, externo a sí misma: Dios.

Al minimizar la impronta biológica, y la impronta divino-espiritual, se concluye que el individuo intrínseco es amoral y asocial, siendo la moral y la sociedad obstáculos a suprimir a fin de liberar el ser intrínseco real.

La interpretación de los principios conductistas ha tenido consecuencias terribles para la humanidad. El conductismo influyó directamente en psicólogos como Hans Helmut Hirsch y Jürgen Ruesch, quienes colaboraron con el régimen nazi y participaron en investigaciones y prácticas controvertidas, como experimentos humanos en campos de concentración.

En los gobiernos comunistas también se llevaron a cabo algunos experimentos y prácticas sociales que podrían considerarse basados en principios conductistas. Si el individuo puede ser programado, hagamos un "hombre nuevo", un hombre ateo, superior, obediente, honesto, trabajador, desinteresado.

Un ejemplo notable es el caso de la Unión Soviética bajo el liderazgo de Stalin, y Cuba bajo el liderazgo de Fidel Castro, donde se implementaron políticas de reeducación y control social que incluían la manipulación del ambiente, el condicionamiento del comportamiento y la propaganda como herramientas para moldear la mentalidad y las actitudes de la población. Se utilizaron técnicas como la propaganda intensiva, la censura, la vigilancia estatal y la represión para establecer un control e influencia en la sociedad.

Alfred Kinsey

Esta idea derivó en teorías como la de Alfred Kinsey quien consideraba que los niños eran sexuales desde su nacimiento. Para Kinsey, la sexualidad estaba ligada con la felicidad y satisfacción.

Kinsey promovía abiertamente las relaciones sexuales pre-matrimoniales y publicó varios libros que se hicieron rápidamente famosos por sus investigaciones sobre la sexualidad humana "Comportamiento Sexual en el Varón Humano" (1948) y "Comportamiento Sexual en la Hembra Humana" (1953). Los resultados de sus estudios fueron abrazados por Universidades de prestigio internacional.

En sus publicaciones, afirmaba que todos los comportamientos sexuales que se consideraban desviados eran normales, y que ser exclusivamente heterosexual es anormal y producto de condicionamientos sociales e inhibiciones culturales.

Parte de sus investigaciones sobre la sexualidad humana las hizo en pedófilos y violadores de la Prisión Estatal de Indiana, sacando conclusiones que extrapoló a personas comunes.

Realizó experimentos especialmente horrendos y crueles sobre la sexualidad humana. La comunidad científica se alarmó cuando al ver la controvertida tabla 34 de su "Sexual Behavior in the Human Male" [Comportamiento Sexual en el Varón Humano], que registraba la observación de orgasmos en más de 300 niños entre las edades de 5 meses y 14 años.

AGE	NO. OF ORGASMS	TIME INVOLVED	AGE	NO. OF ORGASMS	TIME INVOLVED
5 mon.	3	?	11 yr.	11	1 hr.
11 mon.	10	1 hr.	11 yr.	19	1 hr.
11 mon.	14	38 min.	12 yr.	7	3 hr.
2 yr.	{ 7	9 min.	12 yr.	{ 3	3 min.
	{ 11	65 min.		{ 9	2 hr.
2½ yr.	4	2 min.	12 yr.	12	2 hr.
4 yr.	6	5 min.	12 yr.	15	1 hr.
4 yr.	17	10 hr.	13 yr.	7	24 min.
4 yr.	26	24 hr.	13 yr.	8	2½ hr.
7 yr.	7	3 hr.	13 yr.	9	8 hr.
8 yr.	8	2 hr.		{ 3	70 sec.
9 yr.	7	68 min.	13 yr.	{ 11	8 hr.
10 yr.	9	52 min.		{ 26	24 hr.
10 yr.	14	24 hr.	14 yr.	11	4 hr.

Table 34. Examples of multiple orgasm in pre-adolescent males

Some instances of higher frequencies.

Table 34 from Kinsey's book Sexual Behavior of the Human Male

Una víctima, que usó el seudónimo de Esther White, afirmó que Kinsey pagaba a su padre para que la violara a la edad de 7 años.[ix]

"(Mi padre) me estaba dando orgasmos y los calculaba con un cronómetro. A mí no me gustaba. Yo entraba en convulsiones, pero a él no le importaba. Él me decía que todas las niñitas hacían esto con sus papitos, pero que no hablaban de ello," le dijo White a la WND. La señora White señaló que ella fue ordenada a "no decírselo a mi madre porque yo sería la causa de que hubiese un divorcio, y ése era mi más grande temor. Eso era atroz en aquellos días, pues nadie se divorciaba."

"En 1943, cuando yo tenía nueve años de edad, encontré una hoja de papel que tenía cajas encima de la misma, y en ella mi padre estaba haciendo marcas de las cosas que me estaba haciendo. Él lo agarró y me lo quitó y lo puso en un sobre de color marrón," dijo ella. "Era un formulario con pequeños encasillados a la izquierda del papel y una lista de comentarios describiendo los actos sexuales. Se suponía que él marcara estas cosas, indicando si él había tal cosa o no.

"Una de las afirmaciones incluía las palabras 'orgasmo medido.' Yo no sabía qué significaba 'orgasmo', así que le pregunté y él me dijo. Por eso era que usaba un cronómetro." La señora White dijo que su padre también grabó un video del abuso y envió las grabaciones de video a Kinsey.[x]

La obsesión de Kinsey fue tan grande que en recomendaciones al FBI consideraba que era dañino advertir a los niños de relacionarse con extraños, mientras justificaba la violación en masa a una joven muchacha.[xi]

Una de las conclusiones de sus experimentos fue que la vida sexual comienza desde la infancia, y la humanidad hace mal en reprimirla.

John Money

Otra figura prominente en el campo del conductismo sexual fue el psicólogo neozelandés John Money, quien acuñó términos como "disforia de género", "mapa del amor", y "mapa de género". Fue él quien afirmó que el género y el sexo biológico podían no estar alineados al nacer y que la identidad de género se desarrolla a lo largo del tiempo a través de la socialización y los roles de género. Sostenía la "teoría de reasignación de género", que un bebé asignado como mujer al nacer podía ser criado como hombre y desarrollar una identidad de género masculina y desarrollarse correctamente con ese género.

Uno de los casos más conocidos asociados con la teoría de Money es el caso de David Reimer. Reimer fue un niño que sufrió una circuncisión accidentada que resultó en la pérdida de su pene. Siguiendo la recomendación de Money, los padres de David decidieron criar a David como una niña y someterlo a una cirugía de reconstrucción genital para crear una apariencia femenina. Incluso forzó a los gemelos a simular relaciones sexuales entre ellos.

A pesar de los intentos de criar a David como una niña, durante 14 años, él experimentó una profunda disforia de género y finalmente decidió vivir como hombre en su adolescencia. Como consecuencia, los gemelos tuvieron una adultez traumática, Brian desarrolló esquizofrenia y murió de sobredosis a los 38 años de edad, y 2 años después David se quitó la vida.

Los resultados de estos experimentos fueron la base para su teoría sobre el género en los seres humanos. Durante 10 años Money sostuvo que el experimento fue un éxito y las ideas de que el género es una construcción social y la identidad de género puede no coincidir siempre con el sexo asignado al nacer siguen siendo aceptadas por la comunidad científica internacional.

Su influencia impactó activamente el modo en que los psicólogos empezaron a analizar en sus pacientes la posibilidad de una disforia de género. Esta disforia podía percibirse, entre otros factores, a través de los roles de género que son los comportamientos sociales asociados a hombres y mujeres.

Así, si una persona exhibe comportamientos que socialmente pertenecen a un rol del sexo opuesto, un psicólogo se inclinaría a diagnosticar "disforia de género". Y, a partir de estas teorías, los psicólogos buscarían validar y reforzar la identidad de género según el rol que desempeñan los pacientes, independientemente del sexo biológico que tengan.

De aquí se desprende la llamada "Terapia de afirmación de género", que exhorta a personas con disforia de género a que exploren y expresen su identidad de género en un sentido contrario al que indica su cuerpo biológico.

Los Movimientos LGBTI+

Esta es la ideología que adoptaron los activistas LGBTI modernos para defender sus argumentos y luchar por sus "derechos". Aunque afirman diferenciarse de Money en el sentido de que reconocen que el factor biológico tiene más importancia de lo que pensaba Money, la realidad es que su argumento favorito "el género es una construcción social" es tomado palabra por palabra de los estudios del controvertido psicólogo neozelandés. Y la frase, en sí, es una exclusión intencional al rol que tiene la biología en nuestro desarrollo individual y un intento por tratar de separar a los géneros psicológicos de los sexos biológicos.

La idea, por tanto, es que el ser interior usa al cuerpo como si fuera un vestido. En este concepto, así como un vestuario no afecta nuestra personalidad de un modo determinante, nuestro cuerpo está desligado de nosotros en un sentido supremo. Por tanto, debemos descubrir quiénes somos en realidad más allá de los estereotipos que nos impone la sociedad al vernos superficialmente solo a través de nuestros cuerpos/vestidos.

Las implicaciones son infinitas. Al comienzo se afirmaba que pueden existir hombres atrapados en cuerpos de mujer y viceversa. Pero, como estamos hablando de "una expresión subjetiva, amplia y diversa que puede abarcar una serie de identidades, incluyendo aquellas que no se ajustan a las normas tradicionales de género", más adelante, aparecieron niñas atrapados en cuerpos de hombres, gatos atrapados en cuerpos de mujeres, reptiles, alienígenas, espíritus, y muchos más, todos atrapados en cuerpos biológicos diferentes al de su verdadero ser intrínseco.

Esta creencia genera inseguridad en cuanto a la identidad intrínseca individual, provocando una "revolución de género". La lista de géneros llegó a ser tan larga que el acrónimo que en los años 90 era LGBT (Lesbianas Gay Bisexuales Transexuales) debió añadir la letra Q (queer), y más adelante la letra I (intersexuales), como la lista seguía creciendo infinitamente, se agregó el símbolo "+" con tal de incluir a todos los individuos y las percepciones de géneros que habían surgido y surgirían en el futuro.

La plataforma de Facebook, por ejemplo, siguió estos mismos pasos: Hasta 2014 definía solo los sexos masculino y femenino en la personalización de perfil de usuario. Después de esta fecha añadieron: personas transgénero, agénero, androginia, bigénero, género fluido, género no conforme, dos espíritus, etc.; como la lista no era suficientemente larga para incluir todos los géneros posibles, Facebook añadió los apartados "otro" y "prefiero no especificar" a fin de ser suficientemente inclusivo.

El concepto del género como construcción social ve a la sociedad tradicional como una herramienta de opresión contra los individuos. Según esta perspectiva, la sociedad tenía una mentalidad cerrada y atrasada con relación al "nuevo descubrimiento".

Con el tiempo, los movimientos internacionales de izquierda, que tradicionalmente buscan asociarse con las clases oprimidas, identificaron a este grupo de personas que necesitaban salvación de la sociedad opresora y pusieron a su disposición todo su aparato propagandístico.

La presentación del grupo LGBTI como víctimas de la sociedad hizo que personalidades con grandes recursos económicos, organizaciones por los derechos humanos, y organizaciones políticas internacionales tomaran partido a favor de los LGBTI y donaran ingentes cantidades de dinero que invirtieron en esquemas de promociones mundiales a favor de la agenda LGBTI.

Compañías como Facebook, Twitter, YouTube, Google, medios noticiosos como CNN; New York Times, organizaciones médicas como la APA, organismos como la ONU, Amnistía Internacional, la

Unión Europea, y muchísimos otros entes internacionales aunaron todo su poderío para promover la agenda LGBTI en nombre de la aceptación y la defensa de los derechos de estas personas. Así, crearon certificaciones y reconocimientos que evalúan y reconocen empresas que demuestran su compromiso con la diversidad de género haciéndolas elegibles para campañas de marketing y acceso a fondos de inversión multimillonarios. Evidentemente, estos fondos de inversión han creado interés en las empresas por obtener las "certificaciones LGBTI".

Los certificados requerían que las empresas establecieran directrices y políticas corporativas de apoyo al LGBTI. Entre otras directrices, se establece que si alguien expresa dudas sobre los fundamentos de la ideología de género o viola esos principios o "crea un ambiente hostil o discriminatorio", podría enfrentar medidas disciplinarias, que pueden incluir advertencias, capacitación adicional, o incluso en casos graves, la terminación del contrato laboral. De allí en adelante, las empresas en todo el mundo comenzaron a prohibir el debate sobre la ideología de género en favor de evitar ofender a los LGBTI y de no discriminarlos. En las redes sociales comenzó a bloquearse, suspenderse, y eliminarse las cuentas de los usuarios que utilizaran determinadas palabras que ofendieran a los LGBTI. Se procedió a censurar el debate para evitar ambientes hostiles, y se utilizó el llamado "shadow ban" o bloqueo invisible contra los usuarios con gran influencia que opinaban de una manera que no encajaba con el discurso de género que se quiere promover. Además, se requiere la "visibilidad y representación" por medio de imágenes, y mensajes inclusivos, y la separación de recursos para apoyar las necesidades y preocupaciones específicas de las personas de la comunidad LGBTI (apoyo, asesoramiento, y acceso a beneficios y coberturas de salud que sean inclusivos y respeten la diversidad de identidades de género y orientaciones sexuales).

Bajo esta presión internacional, los escritos científicos que refutan la ideología de género se enterraron en los motores de búsqueda y los periódicos y universidades solo publican investigaciones que "demuestran" lo bueno de la ideología de género.

Así, muchas organizaciones científicas, centros deportivos, universidades, y escuelas comenzaron a censurar el intercambio de ideas sobre el tema y a promover la idea de que el género que recibimos es una "construcción social" y que debemos descubrir nuestro "verdadero ser intrínseco" aceptando la ideología de género y a través de la experimentación sexual.

Hoy, el alcance de este concepto es tan masivo que cualquier artículo científico crítico al respecto es censurado o, en el mejor de los casos, omitido. Los medios de prensa y televisión tienen una inclinación marcada hacia esta creencia y condenan abiertamente todo criterio que contradiga o enfrente estos postulados.

Ahora, los activistas LGBTI cada vez son más prepotentes, pueden hacer y decir prácticamente lo que sea que los medios lo aceptarán en nombre del "respeto". Entre los activistas LGBTI prevalecen las consignas, los dogmas, los estereotipos, los conceptos superficiales. Si se quiere tener un debate racional sobre el tema, rápidamente pasan a las etiquetas, los insultos, y a la victimización. Tienen los medios, y la propaganda a su favor, no necesitan más.

La Asociación Americana de Psicología

Un ejemplo que ilustra el nivel de coacción al que son sometidas muchas organizaciones lo vemos en la Asociación Americana de Psiquiatría (APA, por sus siglas en inglés).

Desde el comienzo, la creación del Manual Diagnóstico y Estadístico de Trastornos Mentales (DSM) era un reto difícil de lograr. El mayor problema era diseñar la clasificación de los trastornos mentales. Toda clasificación de lo que ocurre en el interior humano es sumamente subjetivo. Para lograr hacer un manual lo más objetivo posible diseñaron un método "democrático" donde se propondría una clasificación y los psiquiatras votarían, si la mayoría ganaba, se incluía el trastorno, sino se eliminaba.

En su primer Manual Diagnóstico y Estadístico de Trastornos Mentales (DSM-I) de 1952, la APA incluía la homosexualidad dentro de las "desviaciones sexuales", describiendo al homosexual con una "personalidad psicopática con patología sexual" en la misma categoría estaba "el travestismo, la pedofilia, el fetichismo y el sadismo sexual (incluyendo la violación, el asalto sexual, la mutilación)". [xii] Esta clasificación se confirmó en el DSM-II de 1968.

Pero, en 1970 las presiones de los movimientos gays forzaron la creación de un comité para revisar esa clasificación en el DSM. Según el New York Times, algunas de las presiones a favor de esa desclasificación provenían de "muchos" psiquiatras, miembros de la APA, quienes eran homosexuales. [xiii]

En el libro "La homosexualidad y la psiquiatría americana: La política de diagnóstico", el Dr. Ronald Bayer, analiza la relación que había entonces entre los activistas gays y la Asociación Americana de Psiquiatría (APA). En el capítulo 4, Bayer menciona las presiones y acciones llevadas a cabo por homosexuales en contra de la clasificación de la homosexualidad como un trastorno mental.

Según su relato, en la convención de la APA en San Francisco en 1970, los activistas homosexuales interrumpieron y protestaron contra los psiquiatras que consideraban la homosexualidad como un trastorno mental. Estas protestas continuaron en la conferencia de 1971, donde el activista homosexual Frank Kameny tomó el micrófono para expresar su descontento y declaró que la psiquiatría era el enemigo. El libro narra también las amenazas y alianzas que dieron lugar al DSM-III, donde, sin evidencias científicas sólidas, se eliminó a la clasificación de la homosexualidad como enfermedad mental.

Hubo muchos psiquiatras que se opusieron a la decisión (el 42% de los doctores votaron para mantener la categoría), argumentando que el homosexualismo es causado por conflictos emocionales, o traumas en la infancia, y que podía ser tratado o cambiado a través de la terapia.

Actualmente el DSM-V de la APA, con sus nuevas clasificaciones, es considerado la Biblia de la Psiquiatría y un estándar de referencia en cuanto a las enfermedades mentales.

La evidencia científica demuestra ampliamente el padecimiento mental asociado a conductas sexuales no-heterosexuales. Y por esa razón, aun reconoce que hay un trastorno mental en las personas con disforia de género.

Para la APA el homosexual solo tiene atracción sexual por personas de su mismo sexo, pero reconoce su sexo biológico como su identidad de género, mientras que la persona con disforia de género considera que su género intrínseco es diferente a su sexo biológico. En este sentido, la orientación sexual hacia personas de su mismo sexo, para la APA, es normal, sin que padezca algún de trastorno mental ni existan consecuencias "demostradas" de padecimientos mentales a causa de su orientación sexual. Y la persona con disforia sí sufre ciertos padecimientos por su condición. Así las personas con disforia de género experimentan "malestar o la incomodidad significativa [...] debido a la discrepancia entre su identidad de género y su sexo asignado al nacer".[xiv]

No obstante, abandonando todos los precedentes y metodologías científicas en sus recomendaciones, esta organización, en lugar de buscar cómo tratar, en su origen, la causa de este malestar mental, la APA recomienda afirmar la identidad de género.[xv] Así, su recomendación es modificar la realidad mediante:

- El apoyo legal y el reconocimiento social de los individuos transgéneros según su identidad y expresión.
- La provisión de tratamientos médicos para personas transgénero y de género variable.
- El reconocimiento del beneficio y la necesidad de tratamientos de transición de género
- El llamamiento a compañías de seguro privadas y públicas para que cubran estos tratamientos.

Aunque la APA reconoce que la identidad de género puede estar en contradicción con nuestro cuerpo biológico, el 2 de marzo de 2021, adoptó una resolución que se opone a los esfuerzos por proveer tratamiento para corregir la identidad de género y alinearla con el cuerpo biológico,[xvi] dando a entender que la identidad de género es inmutable, y que el cuerpo puede y debe modificarse para adaptarse a la identidad de género autopercibida a fin de disminuir el "malestar" en los pacientes con disforia de género.

Esta organización respalda la terapia hormonal y la cirugía de reasignación de sexo, incluso en niños. Estos tratamientos implican, en muchos casos mutilaciones químicas o quirúrgicas.

Esta postura no es congruente con su postura hacia otros trastornos mentales. Por ejemplo, en el caso de los trastornos asociativos (interrupción en la integración normal de la identidad o la percepción del entorno), la APA recomienda la terapia cognitivo-conductual, que busca identificar y cambiar los patrones de pensamiento y comportamiento problemáticos que pueden estar contribuyendo a los problemas emocionales o conductuales. Es decir, la APA no recomienda cambiar el entorno, sino el modo de pensar, el interior del individuo.

Como puede verse, la presión del lobby LGBTIQ+ ha influido para suprimir y modificar el lenguaje, los postulados científicos, y la percepción social. La teoría de que el género es una construcción puramente social no soporta el escrutinio científico, tampoco la idea de que la conducta homosexual sea algo normal, sin consecuencias para el individuo; no existen estudios sociales o científicos que lo demuestren lo uno a lo otro, y más que una postura política, social, o científica, es todo una postura religiosa y sus acólitos están dispuestos a excomulgar a todo el que se oponga a sus preceptos.

Los dictados del movimiento son sutiles, firmes, y moldean a la sociedad a su antojo, en un evangelio irreal, falso, forzoso, de una minoría supuestamente oprimida que en realidad oprime, supuestamente feliz que vive confundida.

Lo peor de todo son las víctimas de esta ideología, cada año cientos de miles de personas deciden creer estas ideas lanzadas a los cuatro vientos y apostar sus vidas en ello. El número de individuos que se involucran en prácticas homosexuales crecido, las cirugías de cambio de sexo se han incrementado, el uso de bloqueadores de pubertad en niños (castración química) es cada vez más extenso, el número de personas que se creen en géneros extraños e incoherentes también crece. La aprobación social hacia este modo de vivir también crece, pero paradójicamente, también crecen también los suicidios, y las personas que detransicionan echando por tierra todos los argumentos de los activistas progresistas.

Como decíamos anteriormente, no existe evidencia social o científica que demuestre que el género es una construcción puramente social, pero sí abundante evidencia científica y social que demuestra que el género y la biología están inexorablemente ligados. El mayor de todos estos experimentos es la humanidad, y la evidencia apunta a un fracaso abismal de los postulados de la ideología de género y de la conducta homosexual.

Al nacer hombre o mujer, nuestro ADN influye poderosamente en nuestro desarrollo individual, en nuestras decisiones, en nuestras preferencias, la sociedad juega un rol importante también, pero no anula el rol de nuestro cuerpo. Así, tratar de negar el camino y la tendencia que nuestro cuerpo pone sobre nuestra alma resulta en un trastorno mental catastrófico que produce frustración, desánimo, y mucho más. La solución no es forzar a la realidad (nuestro cuerpo, nuestra conducta, la sociedad, el mundo), sino aceptarla, y adaptar nuestro modo de pensar para disfrutar la realidad.

Por otro lado, tanto en la orientación sexual hacia individuos del mismo sexo, como en aquellos que padecen disforia de género, la imposibilidad práctica de formar una familia natural, y de procrear, afectan el sentido de pertenencia, la autoestima, la autoconfianza, y la sensación de seguridad emocional. Sin familia se ve afectada la socialización, las habilidades de comunicación, y los valores humanos. Sin familia desaparecen la percepción de logro, amor incondicional, propósito, y crecimiento personal que se experimenta en la crianza de los hijos.

Afirmar y promover la conducta homosexual o la disforia de género es condenar a una eventual infelicidad a todos los "afirmados".

Diversidad de Género

El segundo de los cuatro postulados que fundamentan el movimiento de la ideología de género es que existen más de los dos géneros tradicionales (masculino y femenino) y que existen numerosos estudios científicos que demuestran la existencia de diversos géneros.

La realidad es que estos estudios fueron realizados desde las ciencias sociales (psicología, antropología, sociología, psiquiatría), ninguno desde las ciencias naturales (biología, química, etc.), también conocidas como "ciencias duras" o "ciencias exactas". Los estudios realizados desde la biología y la química, no han demostrado el postulado la existencia de los "géneros".

Las ciencias sociales han realizado investigaciones en personas transgénero e individuos con identidades de género diferentes a las tradicionales; y en sociedades o culturas con conceptos similares a la ideología de género.

Sus postulados, basados principalmente en la autopercepción humana de individuos transgéneros, eliminan la dicotomía tradicional de género y reconocen los nuevos géneros descubiertos en su investigación, a la vez que dejan la puerta abierta a que nuevos géneros se "descubran".

Así, el rango géneros permisibles, pasó de ser "masculino" y "femenino" a ser:

1. Andrógino
2. Andrógina
3. Asexual
4. Bigénero
5. Bisexual
6. Cisgénero
7. CrossDresser
8. Demigénero
9. Dos espíritus
10. Gay
11. Género fluido
13. Género no conforme
14. Heterosexual
15. Heteroflexible
16. Homosexual
17. Intersexual
18. Lesbiana
19. Pansexual
20. Pangénero
21. En duda (Questioning)
22. Queer
23. Sapiosexual
24. Trans

Y creciendo.

La evidencia científica real

Entonces, la pregunta más importante sería: ¿qué elementos utiliza la "ciencia" para determinar la existencia de una nueva identidad de género? Como la identidad de género es un criterio diferenciado de la biología, y no es medible, científicamente hablando, se estudia entonces la autoidentificación, la experiencia y expresión de género, las narrativas y testimonios personales, y el contexto cultural y social.

De modo que todo el argumento "científico" para la existencia de "nuevos géneros" está basado en testimonios personales de individuos que reconocen tener disforia de género o inconformidad con su sexo biológico.

No es necesario demostrar que existen personas quienes afirman tener identidades diferentes a la que corresponde a su cuerpo biológico, es evidente que experimentan una profunda crisis de identidad y desarraigo social. También es cierto que sienten no encajar en los estándares morales, y modelos de vida de la sociedad. Sin embargo, su testimonio interior es inverificable y no constituye evidencia científica de la existencia de "diversidad de géneros". Ni tampoco constituye base suficiente para modificar a la sociedad como un todo, basado solamente en argumentos internos de un reducido grupo de personas. Los llamados estudios "científicos" carecen de rigor y están influenciados por la agenda de la ideología de género.

Los cristianos somos muy conscientes de esa inverificabilidad científica del testimonio interior, y llevamos siglos viviendo con ella. Reconocemos que nuestra fe cristiana es científicamente indemostrable y los progresistas se han dado a la tarea de recordárnoslo cada vez que pueden.

Aunque sabemos que Dios es real y existe, reconocemos que la única evidencia que tenemos de Él es el cambio sobrenatural interno radical que experimentamos. Este cambio ocurre en modos que ni la ciencia ni la psicología pueden explicar. Así, toda vez que el cristiano ha tratado de establecer leyes morales basadas en su experiencia, o en la Biblia, los no-creyentes han rechazado las premisas cristianas porque no son universales, y solo están basadas en la experiencia de un reducido grupo de personas. Y tienen razón. Los cristianos no podemos imponer la fe en Dios basados en nuestra experiencia interior de él. Y Dios ha escogido que el camino cristiano sea "por fe, no por vista" (2da a los Corintios 5:7), así que en su diseño del peregrinaje cristiano las evidencias no serán visibles, sino en lo profundo del corazón.

Ahora, todo el argumento de la ideología de género carece de evidencias científicas demostrables, y demanda la "fe" en los testimonios de sus acólitos. La ideología de género no es, como nos quieren vender, un movimiento social de rescate a personas "oprimidas" por los estándares sociales, es una religión donde nos quieren hacer creer que el alma es un ente metafísico que de alguna manera puede vivir desasociado del cuerpo, y que cuando eso sucede toda la realidad alrededor debe modificarse a fin de consolar a esa alma afligida.

Incluso, reconociendo que tales individuos existen, su condición no es una condición deseable o afirmable. El hecho de que una conducta humana exista no valida automáticamente su aprobación o afirmación social. Desde el comienzo de la humanidad existen los pirómanos, pedófilos, sociópatas, y ladrones compulsivos; estas personas deben ser respetadas como seres humanos y vivir bajo las mismas reglas del resto de la humanidad, cuando cometan un delito deben ser sancionadas, y nunca deben promoverse sus cosmovisiones como algo natural. Normalizar la imaginativa de género e incitarla es un modo de maltrato hacia esas personas, es prolongar su dolor, miseria, frustración, disforia.

En la religión evangélica, cuando una persona abraza la fe en Jesucristo, pasa de una conducta dañina para sí misma y los demás a una conducta benigna, encontrando paz, felicidad, satisfacción y realización personal. Por otro lado, quien abraza la ideología de género, en lugar de progresar hacia un mejor individuo, retrocede padeciendo como consecuencia disforia, ansiedad, confusión, depresión, inseguridad, y atraso social.

Identidad de género autodeterminada

El tercer postulado de este movimiento es que cada individuo tiene el derecho de autodefinirse y expresar su identidad de género, de acuerdo con su propia experiencia y sentido interno, sin ser limitadas por las expectativas o normas tradicionales asociadas con su sexo asignado al nacer.

Por esta razón, las organizaciones de derechos LGBTQ+ y SUS activistas abogan por el reconocimiento legal y social de la identidad de género autodeterminada. En su esfuerzo por legalizar todas las identidades de géneros conocidas y por conocer afirman que así promueven la dignidad y bienestar psicológico de este grupo de personas. Además, proveen un marco legal para que puedan expresarse libremente, no sean discriminados, violentados, o excluidos por su identidad de género.

Estos activistas presentan a las personas con disforia de género como oprimidos por los estándares sociales, quienes necesitan ser protegidos por todo el peso de la ley y del estado. Como estos individuos tienen un altísimo índice de suicidios, el estado, para salvarles, tiene el deber colaborar con ellos en su expresión de género, y de modificar los estándares sociales que les oprimen. Además, debe protegerles, representarles legalmente, y sustentar económicamente todos los gastos médicos para salvar sus vidas, entiéndase: tratamientos hormonales, bloqueadores de pubertad, cirugías de estéticas y de cirugías de cambio de sexo.

El respaldo científico

El énfasis en proveer respaldo legal a la vida homosexual y transexual proviene de dos premisas. La premisa científica, que ya vimos anteriormente y la premisa social. Sin embargo, ningún estudio social demuestra que estas personas mejoran su calidad de vida en entornos socialmente amigables con la ideología de género.

Por ejemplo, el Concilio para Opciones en Cuidado de Salud (PALKO/COHERE) en Finlandia, motivado por el creciente número de personas que llegaban solicitando cirugía de reasignación de sexo al

Hospital Universitario de Helsinki, realizó un amplio estudio que incluía los elementos legales en vigor, la evidencia científica disponible, y la experiencia clínica de equipos multidisciplinarios expertos en tratamiento y asesoría en disforia de género. Esta investigación incluyó la revisión de los tratamientos médicos implementados, un extenso análisis ético, y el análisis de las entrevistas con pacientes y sus abogados. En Finlandia es legal el matrimonio homosexual desde 2017 y las cirugías de cambio de sexo se realizan desde 1970 en el ese mismo Hospital. Con más de 50 años de experiencia en esta área en el tratamiento inclusivo con pacientes con disforia de género, los resultados de esta investigación no pudieron ser ignorados por la comunidad internacional. A partir de esta investigación, Finlandia, Suecia, y Reino Unido comenzaron a cuestionar las directrices internacionales sobre el cambio de sexo en menores de edad.

Estos expertos concluyeron que la confusión en la identidad sexual en la niñez desaparece generalmente durante la pubertad, y en los casos en que pueda incrementarse la confusión, la primera línea de tratamiento es el apoyo psicológico, si es necesario la psicoterapia y tratamiento posibles desórdenes psiquiátricos. El grupo de médicos en este hospital registró una mejoría significativa en el funcionamiento social de pacientes menores de edad con disforia de género que recibieron solamente tratamiento psicológico, a la vez que menores de edad sometidos terapias de tratamiento hormonal de cambio de sexo no notaron mejoría alguna en su desempeño social en el mismo período de tiempo. Además señalaron riesgos potenciales de las terapias de hormona GnRH que incluyen la desmineralización de los huesos, y efectos desconocidos en el sistema nervioso central, además de inhibir el crecimiento del pene en los niños varones.[xvii]

Otro ejemplo que resume 10 años de investigación, publicado por la Revista Médica de Chile (vol. 144, nº6, Santiago Jun 2016) llamado "Suicidio en poblaciones lesbiana, gay, bisexual y trans: revisión sistemática de una década de investigación (2004-2014)" afirma: "… interesante es notar que la mayoría de los países en que fueron realizadas las investigaciones revisadas han impulsado importantes políticas de inclusión que, dado los resultados de dichos estudios, no parecen convenir hacia una disminución de la incidencia de problemas de salud mental y suicidabilidad asociados a la victimización de género".

El argumento de que la población homosexual y transexual está en riesgo es cierto. Los índices de suicidio lo demuestran. Sin embargo, experimentalmente, el problema de esa depresión no se ha resuelto estableciendo leyes que afirmen a estas personas, ni sustentando costosos tratamientos de cambio de sexo a fin de que su depresión disminuya.

El otro problema bajo esta premisa es que la premisa del "derecho a la autodeterminación de la identidad de género" da a entender que esas personas no pueden autodeterminar cuál sea su género. Eso es falso. Lo que no pueden hacer es imponer esa autodeterminación al resto de la sociedad. Es un principio que no se aplica en ninguna otra situación social.

Un tercer dilema se presenta en la modificación de la estructura de la sociedad. La legislación de la autodeterminación de género presenta un problema legal para la sociedad. En una sociedad estructurada alrededor del núcleo básico de la familia y el matrimonio donde papá y mamá se reproducen formando nuevos individuos para el crecimiento y desarrollo de la sociedad, la autodeterminación presenta un problema seria, al intentar proveer cobertura legal a nuevos géneros además del masculino y el femenino. Este conflicto se presenta en actividades y estructuras sociales que convenientemente se han dividido según el sexo de quienes se benefician de ellas a fin de potenciar, proteger, y potencial las actividades de grupos personas del sexo masculino o femenino. Las penitenciarías, deportes, baños públicos, y estructuras de matrimonio son algunos ejemplos que no tienen modo de encajar con un género que no es masculino ni femenino. Por ejemplo, un hombre que se identifica como mujer comete un delito, ¿a dónde debe ir legalmente, a un correccional de hombres o de mujeres? Un hombre que se ha realizado numerosas cirugías para modificar su apariencia externa a fin de aparentar ser mujer, al ir a un baño público, ¿debe ir a uno de hombres, o de mujeres? Un boxeador que se identifica como mujer, ¿puede golpear públicamente a otra mujer en un torneo femenino de boxeo? Una mujer que se identifica como hombre, ¿puede sustituir al padre de un niño y constituirse padre?

Al observar los resultados de la politización de este criterio puede verse que el "derecho a la autodeterminación de género" se esgrime en todas las plataformas posibles, en entrevistas a personalidades, en filmes y novelas, en conferencias de expertos, en mítines políticos. Sin embargo, lo que nunca se ve es un debate abierto sobre el tema, un análisis profundo de las consecuencias sociales, o de la ciencia detrás de esos argumentos. Pocas veces se escucha un criterio en contra. La negativa a debatir da a entender que los activistas de este movimiento no están en busca de la verdad. Ni siquiera tienen el interés en demostrar que lo que dicen sea cierto. Esperan que, al repetir una y otra vez el argumento, finalmente permeará a todos lo estratos sociales y convertirán así una mentira evidente en una verdad absoluta.

Pero su propósito realmente va más allá. La agenda LGBTI es una revolución social que busca conquistar a los medios policiales a través de los medios legales. Al presentarse como víctimas en necesidad desesperada de ayuda, esperan que los gobiernos legislen a favor de ellos, una vez que una ley es aprobada, ya tienen a su favor todo el aparato legal, policial, y jurídico a su favor. Y los usan agresivamente para censurar, oprimir, y destruir a todo aquel que no se arrodille ante esos criterios.

Las supuestas víctimas, con respaldo legal se convierten en agresores, la minoría oprimida, con respaldo legal, se convierte en una minoría dominante con una poderosa herramienta legal que usan a diestra y siniestra a fin de imponer su agenda.

¿Cómo usa el movimiento LGBTI el respaldo legal cuando lo conquistan en una nación?

Colorado, Estados Unidos, 2012, una pareja de homosexuales demandó al pastelero Jack Phillips, cristiano, quien se negara a hacer un pastel de bodas para personas del mismo sexo que celebraran matrimonio. La demanda se extendió hasta 2018 en que la Corte Suprema de los Estados Unidos falló a favor del pastelero. [xviii]

Washington, Estados Unidos. 2013, Barronelle Stutzman una florista evangélica rechazó hacer un arreglo floral para una pareja de homosexuales que se casaban. Fue denunciada por "discriminación por motivos de orientación sexual", luego de un largo proceso judicial, en 2018, la corte suprema de Washington falló en contra de la demandada, la que pagará $ 5000.00 USD a los demandantes.[xix]

México, 2013. Corte Suprema determinó que "las manifestaciones homófobas son una categoría de discursos del odio, los cuales se identifican por provocar o fomentar el rechazo hacia un grupo social" luego de la disputa entre dos periodistas locales.

Idaho, Estados Unidos. Octubre de 2014, dos pastores son amenazados por las autoridades de Coeur d'Alene quienes les han dicho que su negativa a realizar ceremonias homosexuales en su capilla viola la política anti-discriminación de la ciudad. Por cada día que se rehúsen a realizar la ceremonia, se enfrentan hasta a 180 días en cárcel y hasta multas de 1,000 dólares. Si en no aceptan realizar una ceremonia homosexual por una semana, se arriesgan a ir a la cárcel por más de tres años y ser multados con 7 mil dólares. Después de un rechazo generalizado de la población ante esta amenaza, las autoridades afirmaron que no estarían forzando la medida sobre los pastores. Pero la ley sigue vigente.[xx]

Matanzas, Cuba. Agosto 2019, activistas LGBTI entregaron una carta donde expresan su preocupación por las actividades de un grupo de payasos denominado Los Parchís Cuba en ese territorio, que a su juicio violan el carácter laico del Estado cubano.

Bordeaux, Francia. Abril de 2016, dos cristianos son condenados en un juicio por distribuir un folleto donde narraban la historia de la conversión de un homosexual quien testificaba haber sido transformado por Jesucristo. En el juicio se les condenó a 15 días de prisión y 3000 euros de multa a cada uno.[xxi]

Lima, Perú. 2021, la Comisión Interamericana de Derechos Humanos presentó el 4 de junio una acusación contra el estado peruano por discriminación de derechos humanos. Olivera, el demandante se le pidió, en una cafetería pública, que detuviera sus expresiones de afecto homosexual delante de niños. Olivera presentó una demanda ante INDECOPI, que fue rechazada, y luego ante la CIDH. Su propósito, evidentemente, era que se le permitiera realizar demostraciones públicas de afecto homosexual ante niños, imponiendo socialmente su "derecho a la autodeterminación".[xxii]

El derecho a la autodeterminación no es una lucha en favor de personas en necesidad como pretenden hacer creer a la opinión pública internacional. Es una herramienta, un arma, una etapa del proceso de ingeniería social forzada que busca implementar el movimiento progresista mundial. Ese derecho no solo es ilógico, antisocial, y anticientífico, además sirve de catapulta hacia criterios de exclusión del resto de la sociedad.

Los resultados se pueden ver mundialmente, ya mencionamos el caso de Will Thomas rompiendo records de natación femenina universitaria. También está el caso de Ryan McLaughlin un veterano de Afganistán, ex tropas especiales del ejército estadounidense quien se identifica como mujer, cambió su nombre por Alana McLaughlin y compite en la categoría femenina de la MMA (artes marciales mixtas) golpeando y derrotando públicamente a mujeres en el ring.

La cruda realidad detrás de este criterio excede increíblemente la imaginación prolífica. Los movimientos LGBTI al legalizar sus criterios en diferentes ámbitos, han llevado a juicio a doctores, deportistas, dulceros, maestros, pastores, y muchos otros quienes no están dispuestas seguir la agenda LGBTI.

El criterio de "legalizar", realmente significa IMPONER la agenda LGBTI en todos los niveles de la sociedad, por encima de las libertades individuales, la lógica, la ciencia, la moral, la religión, y el derecho de todos los demás individuos. Aunque afirman buscar no ser discriminados, excluidos, o violentados por la sociedad, en realidad lo que buscan es discriminar, excluir, y violentar a todo el que no piense como ellos.

Igualdad de género

Un cuarto postulado de este movimiento es existe desigualdad de género en cuando a salario, representación política, violencia de género, estereotipos de género, acceso a la educación, y oportunidades económicas.

Por esta razón buscan educar y sensibilizar, modificar políticas y leyes, empoderar económicamente a personas de diferentes géneros, incrementando la participación política de sus activistas.

Para ellos, lograr la igualdad de género significa lograr la eliminación de la discriminación de género, alcanzar el empoderamiento de género, incrementar la prevención y respuesta a la violencia de género, y promover la diversidad y la inclusión. De modo que todas las personas, independientemente de su género, tengan los mismos derechos y oportunidades en todos los ámbitos de la vida, incluyendo el ámbito legal, político, económico, social y cultural.

La motivación suena hermosa, pero hay un problema, en occidente TODAS las personas tienen los mismos derechos independientemente de su género. No existen leyes en occidente que discriminen a individuos a causa de su género.

Entonces, ¿por qué luchan? Si eliminamos esos aspectos y dejamos solo los elementos agresivos de la lista anterior queda el empoderamiento de género, y la promoción de género en todos los ámbitos de la vida, legal, político, económico, social, cultural.

Al carecer de evidencias de discriminación institucional de género, el movimiento LGBTI inventa crisis donde no la hay y exagera eventos aislados presentándolos como discriminación institucional.

Un ejemplo bastante evidente es el incremento del uso de términos como feminicidio en los informes de las organizaciones a favor de derechos humanos, en la televisión, la radio, la prensa, e incluso en las redes sociales. El feminicidio, en sus propias palabras, es un crimen de género, es un asesinato cometido contra una mujer por ser mujer. Para los medios de prensa influenciados por las organizaciones progresistas todos los asesinatos contra mujeres son crímenes de género, independientemente de las motivaciones subyacentes. De este modo dan la impresión de que existe una crisis

de género mundial y que es necesario establecer leyes que protejan a las mujeres víctimas de estos crímenes de género. La realidad es que ya existen leyes que protegen a las mujeres y criminalizan a los hombres que asesinan a mujeres. Son las mismas leyes que protegen a todos los seres humanos y criminalizan a quienes cometen crímenes. Al enjuiciar a un hombre que comete un crimen contra una mujer se analizan a detalle sus intenciones, agravantes, y muchos más aspectos suficientes para condenar al criminal.
La idea con esta estrategia es involucrar indirectamente a los movimientos sensibles a la violencia contra la mujer en la lucha de "género" y así incrementar la presión social, así la violencia contra la mujer, ya no es solo violencia contra la mujer, sino contra la igualdad de género.

Otro ejemplo es el presentar todos los casos de violencia contra las personas LGBTI como producto de la homofobia. De ese modo dan la impresión de que existe una agresividad natural contra los LGBTI simplemente por el hecho de ser LGBTI y eso es "desigualdad de género". Ante esta situación se ha logrado que muchos activistas LGBTI sean más agresivos y déspotas en su actuar social, conociendo de antemano que habrá un respaldo de la prensa a su favor cualquiera que sea su actitud ante un evento, siempre será presentado como la víctima. Así mismo, las personas agredidas por estos activistas prefieren retroceder ante la presión de sentirse identificados como "homofóbicos" ante la opinión pública.

Eventualmente los activistas LGBTI exigen leyes que les defiendan de la agresividad y desigualdad de género. Pero estas leyes les dan un poder elitista, único, exclusivo del que se aprovechan desmedidamente.

Los mitos de la ideología de género

Uno de los argumentos más presentados a nivel de calle es el homosexualismo es inmutable. Lo cual es curioso ya que ellos dicen que la identidad de género es una construcción social.

En realidad, si nos damos cuenta, los progresistas de la ideología de género no hacen un gran esfuerzo para presentar buenos argumentos. No lo necesitan, tienen a toda la prensa y los medios de difusión y recursos y gobiernos a su favor. He visto el pánico recorrer el rostro de un funcionario público al enfrentarse con un homosexual sin saber cómo responder de un modo "políticamente correcto" donde no terminara siendo etiquetado como "homofóbico". De hecho, estos activistas promueven el discurso de género, pero no el debate verdadero. Toda vez que existen términos "políticamente incorrectos" y "estereotipos a evitar" y "conceptos ofensivos" y "criterios retrógrados" que ofenden a una comunidad minoritaria victimizada por la sociedad, se hace imposible preguntar sin herir susceptibilidades, e indagar un poco sin resultar ofensivo.

Pero seamos sinceros, si el género es una construcción social, entonces ¿por qué no ayudamos a las personas con depresión que dicen sentirse atrapados en un cuerpo diferente al género con que se identifican?: construyamos socialmente su género para que se adapte al cuerpo que sí tienen. Por otro lado, el si una persona tiene un género diferente al de su cuerpo, atrapado en su interior, entonces ¿cómo se construyó ese género? ¿qué sociedad construyó los géneros "ni", "trigénero", "queer"?

Los mismos progresistas tienen problemas a la hora de definir los géneros e incluso a la hora de diferenciarlos de los sexos. Recientemente ha habido gran revuelo en el ámbito internacional por la definición del género mujer. Algo tan sencillo ahora ha generado polémica. En realidad, teniendo en cuenta los postulados de los defensores de esta ideología se hace difícil definir qué es una mujer. Cualquier definición tradicional de mujer discriminaría a los hombres que se identifican como mujeres, pues ellos no caerían en esa categoría. Por tanto, mejor no las definamos. Por otro lado, al no definir qué es una mujer, entonces, ¿cómo qué se identifican los hombres que se hacen cirugía de cambio de sexo? ¿Cómo mujeres? Pero, ¿qué es una mujer?

Las contradicciones abundan en esta ideología y el argumento más fuerte que no es la razón o la ciencia o la lógica, sino la victimización. Y sobre ese criterio se yerguen todos sus argumentos científicos, sociales, políticos, económicos, y pedagógicos.

Una trampa de por vida

Así, para tapar sus contradicciones, el lobby LGBTI ha modificado el lenguaje a fin de estandarizar nuevas definiciones más progresistas, por falsas e ilógicas que sean.

Una de estas modificaciones es la transición del término "homosexualismo", que se utilizó hasta la primera mitad del siglo pasado, hacia "homosexualidad".

¿Por qué?, ¿para qué? Una frase que surgió a raíz de la novela "1984" de George Orwell, dice: "Aquel que controla el lenguaje, controla el pensamiento; aquel que controla el pensamiento, controla las acciones". Y los progresistas lo saben, en su proyecto de ingeniería social saben que, para redefinir a la sociedad, primero hay que redefinir el lenguaje.

Para que se entienda, en este caso, la terminación -ismo, en la frase "homosexualismo" es un sufijo que implica que la palabra que le precede es una doctrina, sistema, escuela, o movimiento (como el platonismo, y el impresionismo), además implica actitudes (egoísmo, individualismo), o actividades deportivas (atletismo, ciclismo), mientras que la terminación -idad, en "homosexualidad" implica cualidad, estado, o condición.

Así, con esta sutil redefinición, los activistas LGBT tratan de imponer un cambio de pensamiento sobre la conducta homosexual. Dan a entender que no es una preferencia o ideología que se elige, sino una cualidad que se tiene.

Este criterio tiene connotaciones importantes desde el punto de vista práctico. La primera es que las personas no se hacen homosexuales, sino que nacen homosexuales, forma parte de su naturaleza y lo descubrirán a medida que transcurre su vida. La segunda es que la homosexualidad es inmutable, no puede eliminarse. Estos criterios son igualmente válidos para la disforia de género.

El homosexual nace, no se hace

Partiendo del primer principio, hay personas que quizás vivan gran parte de su vida como heterosexuales, pero en su interior, en realidad, son homosexuales. Y esto se evidenciará en su atracción sexual hacia individuos de su propio sexo. Cuando una persona se convence de ser homosexual en ocasiones lo confiesa públicamente y a eso se le llama "salir del closet".

¿Cómo puede alguien saber si su atracción por personas del mismo sexo es su propia cualidad? Según los promotores de este movimiento, solo hay autoexplorar sus propias emociones, atracciones sexuales, y experiencias personales, aceptar el resultado de esas experiencias como algo positivo, y hacerlo una y otra vez rodeado de personas que le apoyen en ese proceso. Autoexplorar implica probar nuevas experiencias con personas con inquietudes similares. Si las experiencias son satisfactorias, y agradables, y se siente pertenencia y deleite; entonces probablemente esa persona es homosexual o tiene disforia de género.

Sin embargo, en estas recomendaciones no se menciona que el proceso de exploración sexual tiene consecuencias vinculantes en todos los seres humanos, y mucho más en niños y adolescentes.

Durante la exploración sexual se crean vínculos emocionales entre las personas involucradas, fomentando la cercanía y confianza. Además, la liberación de hormonas y neurotransmisores, como la oxitocina y la dopamina, provocan una sensación de unión, pertenencia, y cercanía emocional. Curiosamente, la dopamina, liberada durante las relaciones sexuales es también liberada por drogas como la cocaína, la anfetamina, y la metanfetamina, provocando falsas sensaciones de euforia e incremento del estado de ánimo. También, la comunicación íntima y el intercambio de deseos fortalecen la conexión emocional y la sensación de pertenencia.

Así, al decirle a una persona confundida que explore su sexualidad con otras personas, se le guía hacia una trampa de la cual no podrá salir. Al prometer descanso en la exploración de la experiencia sexual se establece una receta que, en lugar de proveer una escapatoria, conduce más profundamente hacia los lazos de la sexualidad como medida de la felicidad. Los cautivos en este laberinto repetirán esta fórmula una y otra vez hundiéndose cada vez más en su desasosiego.

Lo triste del caso es que, si bien la experiencia sexual produce complacencia en algunas áreas de la psicología humana, no satisface todas. La frustración y confusión iniciales podrán ahogarse momentáneamente en este tipo de experiencias, pero los problemas seguirán presentes.

En definitiva, el homosexual, según sus propios términos, es una persona quien prefiere una vida sexual con personas de su propio sexo. Pues la medida es si le gusta y si se siente cómodo con personas de su mismo sexo y los gustos son pasajeros, transformables, no son una cualidad, no son inmutables, son una decisión. Muchos promotores de este criterio afirman que el deseo homosexual no se puede comparar con el gusto por un color o un sabor específico que alguien elige, sino que es mucho más intenso. Bajo esa premisa el mismo criterio se puede aplicar para el alcohólico, drogadicto, pirómano, cleptómano; en estos casos un deseo intenso incontrolable implica falta de dominio propio, trastorno de la personalidad, inmadurez, o incluso una etapa de confusión en la vida, pero nunca una personalidad que deba afirmarse en un individuo. En casos leves como el alcoholismo, la drogadicción, o la ludopatía, la sociedad hace esfuerzos ingentes por ayudar a esa persona a vencer sus fuertes deseos por medio de terapias, grupos de autoayuda, y consejería. En casos más graves como los trastornos de la personalidad, o las personas violentas, la sociedad reconoce que son individuos "dañados", y entonces se utiliza la psiquiatría y medicamentos para lidiar con su naturaleza "rota". En ninguno de casos se afirma su conducta ni se le anima a afirmar y profundizar en su condición.

¿Cómo saber si se tiene disforia de género?

¿Cómo es que una persona puede saber si tiene un conflicto con el género que se le asignó al nacer?

Entre otros factores, los progresistas enumeran estos síntomas:

- ✓ Sentimientos persistentes de malestar o incomodidad con el género asignado al nacer y deseo de ser, o ser tratado, como alguien del género opuesto.
- ✓ Malestar significativo al experimentar las características sexuales primarias o secundarias de tu cuerpo.

✓ Incomodidad en situaciones sociales donde se esperan roles de género del género asignado al nacer.

Este es un conjunto de indicios totalmente centrado en el placer: lo que no me agrada o me incomoda. De primera instancia se presenta a estos individuos como padeciendo profundamente y en necesidad de ser socorridos de ese sufrimiento. Al leer estos síntomas se les presenta como en una situación única, atrapados, víctimas de su propio cuerpo y de una sociedad que no les comprende.

Sin embargo, cuando nos ponemos a pensar, estas sensaciones no son exclusivas de personas con problemas de identidad de género. Siendo sinceros, muchos hemos tenido dudas sobre nuestra capacidad de desempeñarnos correctamente en nuestra sexualidad. Algunos hemos tenido sentimientos más o menos persistentes de malestar, incomodidad, y frustración en ese sentido. Muchos hemos sentido incomodidades más o menos fuertes al lidiar con las características sexuales de nuestro cuerpo, y todos hemos sentido incomodidad en situaciones sociales donde se espera que actuáramos como se espera que actúen las personas de nuestro sexo. La diferencia está en que la mayoría no hemos dado rienda suelta a esas decisiones, sino que las hemos forzado a ajustarse a la realidad que nos rodea.

Ciertamente, existen roles familiares, ocupaciones, profesiones, modos de vestir, o de actuar en algunas actividades donde se evidencian retos importantes según nuestra sexualidad. Muchas veces, vencer esos retos se asocia con la capacidad de desempeñarse adecuadamente según la propia sexualidad, y si el éxito no es inmediato puede surgir una confusión.

No obstante, la mayoría de estas situaciones constituyen un reto de superación social que ayuda a formar y entrenar al individuo en su rol para los conflictos reales de la vida adulta, y otras simplemente aprovechan las diferencias biológicas de cada sexo a fin de rendir al máximo con las herramientas biológicas que tenemos.[xxiii]

Decir a una persona que enfrenta conflictos asociados a roles de hombre o mujer que, probablemente, su género no coincide con la sexualidad de su cuerpo biológico no solucionará el problema. De hecho, muchos roles tradicionalmente masculinos o femeninos no necesariamente tienen que ver con la sexualidad de la persona. La cultura laboral ha ido evolucionando según el entorno en que se vive. Por ejemplo, cuando se ve a un niño jugando con una cocina junto a otras niñas, alguien pudiera decir que ese niño tiene disforia de género; sin embargo, no solo las mujeres aman cocinar, muchísimos chef famosos han sido hombres, también existen sastres, enfermeros, y barberos que no son homosexuales ni padecen disforia de género. Del mismo modo, una niña que disfruta montar bicicleta y jugar a los policías con los varones no significa que tenga disforia de género, existen mujeres policías, detectives, y hasta pilotos de aviones de guerra de última generación.

Es cierto que las diferencias neurológicas y antropológicas entre un hombre y una mujer potencian su desempeño en determinadas tareas, la maternidad, la formación de un hogar, y la atención a enfermos es biológicamente más fácil de realizar para una mujer. El trabajo de fuerza, la paternidad, la construcción de una vivienda, y la defensa de la familia es biológicamente más fácil para un hombre. Ello no quiere decir que en situaciones excepcionales una mujer construya una casa y un hombre forme un hogar correctamente, pero ese no es el ideal ni el uso óptimo de sus capacidades biológicas y neurológica.

Como son las diferencias biológicas las que implican que una mujer sea óptimamente más eficiente en las cuestiones que requieren de esa sensibilidad única y maravillosa de las mujeres y los hombres sean óptimamente más eficientes en las cuestiones toscas y rudas que requieren fortaleza física y mentalidad objetiva, es incoherente decir a un muchacho que dice sentirse mujer que sentirá alivio a su angustia al afirmarse como mujer. Esa es una receta para el fracaso, no está biológicamente preparado para eso, y por mucho que se vista de mujer, y se haga cirugías e inyecte hormonas para parecer mujer nunca podrá experimentar lo que una mujer siente, por tanto siempre quedará corto, siempre imitará superficialmente, siempre fracasará logrando solamente una copia defectuosa de un modelo que no puede comprender en su totalidad, porque en definitiva: es hombre.

Cuando una persona tiene esas sensaciones de confusión con el desempeño de su rol sexual ante otras personas y la comunidad, la agenda gay afirma que debe comenzar a buscar el criterio de otras personas que afirmen su disforia de género y, sobre todo, ya que el género "es inmutable", debe considerar el uso de métodos de alteración de su cuerpo a fin de emparejarlo con el género que tiene. La solución por tanto es la castración química a través de tratamientos hormonales y bloqueadores de pubertad, o cirugías de cambio de sexo.[xxiv] Evidentemente, los consejeros LGBT evitarán utilizar palabras fuertes, dirían algo así:

> "Considera tomar medidas para alterar el cuerpo y hacerlo más cómodo. Los adolescentes o adultos pueden empezar tratamientos de hormonas y los adultos pueden someterse a una cirugía de reconstrucción genital.[xxv] Esto significa mucho compromiso para identificarse como su género y tomar medidas para ayudar a que su cuerpo lo refleje. Es importante tener en cuenta que los síntomas como la tristeza, los problemas de autoestima y la depresión pueden continuar incluso después del tratamiento".[xxvi]

El argumento LGBTI aprovecha los conflictos internos del ser humano para presentar ante ellos una falsa solución: «tienes disforia de género, únete a esta comunidad de personas felices para descubrir tu verdadera identidad y sexualidad; libérate de los patrones que la sociedad opresora te impone». Sin embargo, la puerta, iluminada con grandes luces y sonrisas solo da hacia un callejón sin salida. La emoción inicial eventualmente dará lugar a la frustración, al enojo, al complejo, a la depresión, a la impotencia y, en muchos casos, al suicidio.´

Una vez homosexual, siempre homosexual

La idea de que la identidad de género es intransformable no solo anima a seguir en ese camino, sino que desanima cualquier intención de buscar acomodar la frustración de mis sentimientos con la biología de mi cuerpo. Ya que no puedo cambiar mis sentimientos mejor modificaré mi cuerpo. La politización mediática de este criterio, además, desmotiva todo esfuerzo hacia la conciliación entre el ser interior y el cuerpo exterior, a la vez que censura a cualquiera que diga haber logrado esa conciliación.

Tristemente, el mismo argumento que promete liberar, aprisiona, engaña, desanima, oprime, frustra, encadena, destruye.

Además, el argumento de la inmutabilidad de género logra presentar a los homosexuales y personas con disforia de género como víctimas quienes no son responsables de su conducta, y por tanto la sociedad es culpable al exigirles hacer algo que es imposible para ellos. Esa premisa pone el conflicto homosexual al mismo nivel que el conflicto racial. Una persona de raza mestiza no es culpable de haber nacido así, esa es su naturaleza. Condenar su color de piel es racismo. Del mismo modo, según ellos, un homosexual es así, condenar su "homosexualidad" es homofobia.

Al equiparar a la disforia de género con el racismo, los activistas LGBTI intentan liberar la conducta LGBTI de toda responsabilidad por sus actos, forzar a los organismos políticos y judiciales a promover políticas y leyes que prohíban todo comunicado que afirme la disforia de género no es inmutable, y forzar a todas las organizaciones sociales a aceptar la conducta homosexual incluso por encima de sus propios criterios racionales, morales, religiosos, o sociales.

La inmutabilidad del género es una piedra angular en la mencionada lucha a favor de la igualdad de género pues ya no solo pide que se respete si un individuo tiene o no disforia de género, sino que se le introduzca (no se le discrimine) en espacios públicos, sociales, familiares, educativos donde se enseñe que estas personas son así, no pueden cambiar, no van a cambiar, no se les puede pedir cambiar, y hay que aprender a vivir con sus conductas impuestas en nuestros espacios privados y públicos.

Científicamente hablando, ¿es inmutable el género?

Para responder a esta pregunta, debemos ser capaces de responder cómo surgen esos sentimientos de disforia y atracción sexual por personas del mismo sexo. Para los activistas LGBT no se adquieren, sino que se nace con ellos, algunos individuos los aceptan a edades tempranas y otros a edades adultas, pero siempre estuvo allí, porque es inmutable.

Por tanto, la mejor manera de demostrar que estos sentimientos responden a una cualidad inmutable en los individuos es demostrar que existen factores biológicos innatos (similares a la raza) que generan estas emociones tan intensas.

Sin embargo, a pesar de los muchos intentos de demostrar la existencia de los factores biológicos causantes de estas emociones, no se ha podido demostrar que existan individuos que nacen con una identidad homosexual o una diferente a la de su sexo. La orientación homosexual no está determinada por factores hereditarios ni biológicos.

Conviene, en este sentido, citar a un colectivo de médicos cubanos quienes realizaron una exhaustivo estudio sobre los orígenes de la homosexualidad. La comunidad científica internacional, en sus ansías de hallar respuestas a esta pregunta, ha tomado dos derroteros fundamentales: el primero busca similitudes y diferencias entre los hombres, las mujeres, y los homosexuales; el segundo busca examinar el material hereditario, es decir, el ADN. Pero los resultados, en su mayoría, han sido negativos. Los científicos que presentaron argumentos a favor de la teoría del factor biológico han sido ampliamente desacreditados:

> A pesar de los numerosos intentos, ninguno de los estudios más difundidos (Hamer, 1993; LeVay, citado por Cáceres, 1997) han podido ser reproducidos. (Gadd, 1998). Un número de autores han revisado cuidadosamente tales estudios y encontraron que no sólo no demuestran una base genética para la atracción homosexual, sino que ni siquiera pretenden tener evidencia científica para tal afirmación. (Byne, 1993; Goldberg 1992; Horgan, 1995; McGuire, 1995; Porter, 1996; Rice, 1999)

> Si la atracción homosexual fuera genética, entonces uno esperaría que los mellizos idénticos tuvieran la misma orientación sexual. Sin embargo, hay numerosos casos de mellizos idénticos que no son idénticos en su orientación sexual. (Bailey, 1991; Eckert, 1986; Friedman, 1976; Green, 1974; McConaghy, 1980; Zuger, 1976). [xxvii]

El libro "Homosexualidad: del miedo a la esperanza", afirma que, según la genética, el interés sexual se presenta en el fenotipo de los individuos. [xxviii] En esta definición, el fenotipo es la suma de la genética (genotipo) más el ambiente.

Según los autores de este libro, en algunas personas, la genética puede provocar cierta tendencia hacia el homosexualismo o la disforia de género, pero esta inclinación solo se desarrollará dependiendo de las condiciones en que viva el individuo en cuestión. Es decir, el entorno tiene mayor influencia en la orientación homosexual que la predisposición genética. En un experimento mencionado en el libro, se demuestra que el rango de posibilidades de tener disforia es seis veces mayor, si se tienen antecedentes homosexuales en la familia.

Existen teorías que plantean que el homosexualismo es un problema hormonal que lleva al individuo a tener ciertas tendencias y conductas homosexuales, pero esas ideas quedaron desvirtuadas, pues al inyectar testosterona (hormona masculina) a homosexuales hombres, no ocurrió un cambio en la orientación sexual hacia las mujeres, aunque sí un incremento del apetito sexual.

En una conclusión, afirman:

- Los genes predisponen hacia el homosexualismo, sin embargo, no determinan una conducta homosexual.
- El ambiente en que se desenvuelve una persona tiene mayor influencia en sus conductas sexuales que sus características genéticas.

Por tanto, la orientación sexual no es determinada por el factor hereditario, genético, u hormonal, aunque en algunos casos pudiera percibirse una tendencia hereditaria, no determinante, hacia la conducta homosexual. El elemento determinante entonces sería externo, no interno.

En las ciencias sociales, es un hecho comprobado que los hijos de padres alcohólicos son más propensos a caer en el alcoholismo que los hijos de padres no alcohólicos. En esos casos, existe un factor hereditario que juega un papel incitador incrementando la tolerancia al alcohol, el deseo intenso o compulsión por beber, la dificultad para moderar el consumo, y la propensión a un mayor riesgo de dependencia.

Se ha demostrado que un hijo de alcohólicos que no se desarrolla en un ambiente propenso a la ingestión de bebidas alcohólicas, probablemente nunca tendrá problemas con el alcohol, aunque tenga la tendencia. Pero, en un ambiente ideal para el consumo de bebidas, caerá más rápidamente en la adicción que sus compañeros que no son portadores de este factor hereditario. El ambiente tiene un rol determinante, el factor hereditario uno incitador, puede existir el deseo, pero qué hacer con él, depende del individuo.[xxix]

En conclusión, ningún bebé tiene una predisposición biológica determinante para volverse homosexual o padecer disforia de género. Y si tuviera alguna predisposición biológica en ese sentido, esta no es determinante y solo el entorno y el mismo bebé determinarán si, en fin de cuentas, este nuevo individuo seguirá el curso natural de su crecimiento psicológico, sexual, y social, o un día elegirá el camino del homosexualismo o la disforia de género.

¿Cómo surge la disforia de género?

Para los autores de "Homosexualidad, del miedo a la esperanza", la principal causa de la disforia es el abuso sexual infantil. En el caso de los hombres, la disforia se presenta, en algunas ocasiones, cuando en su niñez han sido abusados sexualmente por otros hombres. En el caso de las mujeres, ocurre una reacción diferente, debido a que al ser abusadas sexualmente por un hombre, desarrollan una aversión hacia este género y por eso en su vida sexual se deciden por las personas de su mismo sexo.

Otra causa bastante frecuente se presenta cuando niños o niñas tienen conductas socialmente atribuidas a individuos del sexo opuesto. Por ejemplo, un niño a quien le gusta coser, se siente diferente, ve que su gusto no es el socialmente aceptado para un niño varón y, con la presión social externa adecuada, puede llegar a creer que es una niña por dentro o que debería, al menos, comenzar a comportarse afeminadamente como las otras personas que también disfrutan coser.

El consumo excesivo de alcohol o drogas es también un factor que se menciona, en ocasiones, personas que estando sobrias son heterosexuales, pero en estado de embriaguez tienen actitudes afeminadas, pueden convencerse de que son homosexuales.

Según John Money, hay tres factores que determinan la orientación sexual:

1. El factor Biológico: configurado por los genes, las hormonas y las estructuras cerebrales, las cuales predisponen la orientación sexual.

2. La Impronta: es decir, el estímulo específico en el momento oportuno, una incitación que podría ocurrir por medio de la familia y la sociedad en los tres primeros años de vida, período en el cual quedaría definida la orientación sexual.

3. El Medio: es decir, el ambiente social y familiar, así como la educación que se recibirá en este período crítico comprendido en los tres primeros años de vida.

Otros estudiosos tienen otros criterios y afirman que cada individuo es "único, con una historia personal", las causas psicosociales de la homosexualidad frecuentemente son una o más de las siguientes:[xxx]

- Alienación del padre en la infancia, porque el padre fue percibido como hostil, distante, violento o alcohólico. (Fisher, 1996; Pillard, 1988; Sipova, 1983).

- La madre fue sobreprotectora (niños hombres), (Bieber, T. 1971)

- La madre era necesitada de afecto y exigente con los niños, (Fitzgibbons, 1999)

- Madre emocionalmente vacua (niñas). (Bradley, 1997; Eisenbud, 1982)

- Los padres no fomentaron la identificación con el propio sexo (Zucker, 1995)

- Ausencia de juegos más o menos violentos (niños). (Friedman, 1980)

- Falta de identificación con sus iguales del mismo sexo. (Hockenberry, 1987; Whitman, 1977)

- Aversión a los juegos por equipo (niños). (Thompson, 1973)

- Falta de coordinación de la mano con la vista, que lleva a bulling de los iguales (niños), (Bailey, 1993; Fitzgibbons, 1999; Newman, 1976)

- Abuso sexual o violación, (Beitchman, 1991; Bradley, 1997; Engel, 1982; Finkelhor, 1984)

- Fobia social o timidez extrema. (Golwyn, 1993)

- Pérdida de un padre por muerte o divorcio. (Zucker, 1995)

- Separación de un padre durante una etapa crítica del desarrollo. (Zucker, 1995)

La presión política que ya hemos visto anteriormente, más los intereses personales de quienes promueven esta ideología entra en contradicción con estudios científicos de renombradas personalidades internacionales. Los científicos pro-lgtb no han logrado encontrar el "gen homosexual" porque no existe, y siguen empecinados en afirmar que se nace homosexual. Los promotores de esta agenda afirman en numerosas ocasiones estar respaldados por la ciencia y por numerosos estudios científicos que nadie conoce, ha visto, ni ha replicado. El mejor argumento que tienen es el de repetir el error una y otra vez hasta que ya nos creamos la mentira.

Aunque ciertamente existen grandes fuerzas biológicas y psicológicas obrando en las personas con orientación homosexual y con disforia de género, ellos no nacieron así. Simplemente fueron víctimas de situaciones traumáticas, confusas, críticas en momentos determinados de su vida y ahora están confundidos, rotos, heridos. Y rotos como están son predicadores de su evangelio de felicidad triste, de libertad sexual sin amor, y de una prisión de la cual ellos no escaparán nunca, ni tampoco los que les siguen... o eso dicen.

¿Puede recuperarse la orientación sexual?

Como hemos visto, la búsqueda "de derechos basados en la inmutabilidad" es uno de los argumentos esgrimidos en los círculos homosexuales y transexuales. Sin embargo, existen evidencias de que tanto unos como los otros sí pueden abandonar su estilo de vida.

Por ejemplo, el Departamento de Investigaciones Biométricas del Instituto Psiquiátrico de Nueva York,[xxxi] publicó lo siguiente:

> "Este estudio probó la hipótesis de que algunos individuos con una orientación sexual predominantemente homosexual, pueden, con alguna forma de terapia reparativa, volverse predominantemente heterosexuales. Los participantes fueron 200 individuos voluntarios (143 varones, 57 mujeres...". [xxxii, xxxiii]

El psicólogo holandés Gerard van der Aardweg,[xxxiv] con una experiencia clínica de veinte años de estudios sobre la homosexualidad, asegura que en sus terapias "algunos [homosexuales] acaban por ser totalmente heterosexuales; otros padecen episódicas atracciones homosexuales, que son cada vez menos frecuentes conforme toma fuerza en ellos una afectividad heterosexual".[xxxv] Aardweg no niega que esta restauración involucra un inmenso esfuerzo para el homosexual.

En su exhaustiva investigación, los profesionales cubanos enumeran un buen número de trabajos exitosos en la búsqueda de liberación de la conducta homosexual:

> Psiquiatras de prestigio (Los Doctores Samuel B. Hadden, Lionel Ovesey, Charles Socarides, Harold Lief, Irving Bieber, y otros) han reportado sus éxitos terapéuticos de homosexuales tratables" (Tripp y Hatterer, 1971).

> Trabajos de revisión de resultados del tratamiento del homoerotismo muestran que ha tenido tanto éxito como el tratamiento de problemas psicológicos similares: alrededor del 30% se siente liberado de los síntomas y otro 30% se encuentra mejor. (Clippinger, 1974; Fine, 1987; MacIntosh, 1994; Nicolosi, 1998; Rogers, 1976; Satinover, 1996; West, 1977).
>
> [...] Aquellos que sostienen que el cambio de orientación sexual es imposible, generalmente definen el cambio como la liberación total y permanente de toda conducta homosexual [...] (Tripp, 1971). Aun cuando el cambio sea definido en esta forma extrema, la afirmación no es cierta. Numerosos estudios reportan casos de cambio total. (Goetz, 1997). [xxxvi]

Estos son solos algunos ejemplos, recientemente, con el incremento del número de personas que abrazan la ideología de género como un modo de identificarse se han efectuado cientos de miles de cirugía de cambio de sexo, se han utilizado bloqueadores de pubertad, e inyecciones de hormonas para asistir a las personas con disforia de género en su afirmación. Estas radicales intervenciones médicas invasivas afectan para siempre el cuerpo de estas personas y muchos de ellos, además de experimentar la mutilación e injertos en su cuerpo para simular, también quedan sujetos a medicación de por vida. Sin embargo, incluso entre estos individuos, el número de personas que "detransicionan" es cada vez más grande. A veces, debido a la censura de los principales medios de comunicación no se escuchan sus voces, pero en Twitter, una red social comprometida con la libertad de expresión y que se opone a la censura se están dando a conocer. La cuenta @detrans_voices es una de muchas agrupaciones donde los mismos extransexuales hacen escuchar sus voces y cuentan como la inmutabilidad es una mentira.

Debido a la falta de evidencias científicas a su favor y a la abrumadora evidencia científica en contra de sus argumentos, los activistas LGBT no se buscan un debate abierto y racional, sino una cruzada de autovictimización y satanización contra todo el que opine lo contrario a ellos. Así, cualquier argumento contrario a sus criterios puede ser tildado de homófobo, bigot, retrógrada, anticientífico, ultraconservador, extremista, fanático, y cuántos adjetivos se les pueda ocurrir en ese momento.

Así, en nombre de la protección de los derechos de los homosexuales y la lucha contra la opresión patriarcal tradicional, la presión política de los activistas LGBTI se siente en todos los ámbitos, las universidades, librerías, escuelas, medios de prensa escrita y televisada, medios de difusión de noticias, redes sociales. También muchas organizaciones políticas y legales y muchos otros organismos internacionales se unen para proclamar con todo su poderío los argumentos de este lobby llenando cada rincón de nuestra sociedad, a la vez que censuran, o dificultan la adquisición de información que refute sus ideologías.

Sin embargo, cada vez hay más personas que testifican de que el cambio es posible, necesario, deseable, y de la frustración terrible que se vive bajo esos criterios de género. Un número importante de estas personas manifiestan haber tenido experiencias transformadoras con Dios y vivir una vida psicosocial plena y satisfactoria interna y externamente después de su detransición.

El Mito de la Felicidad del Homosexual

El término gay, que significa "alegre" o "jovial", comenzó a usarse a comienzos del siglo pasado para referirse a quienes tenían atracción o relaciones románticas con personas de su mismo sexo. La idea subyacente es que adoptar una identidad que se alinea místicamente con el ser interior, aunque se encuentre en discordia con nuestra naturaleza biológica puede ser un proceso "liberador y satisfactorio", ese proceso de "vivir y expresar su verdadero género puede traer un sentido de autenticidad, alivio emocional y una mayor conexión con la propia identidad".

Sin embargo, los estudios demuestran que esta expectativa está muy lejos de la realidad. Este estilo de vida trae sufrimiento tanto a sus acólitos como a quienes les rodean.

Esta es una lista de los diferentes trastornos patológicos que comúnmente se presentan en personas que practican una conducta homosexual:[xxxvii]

- Depresión grave (Fergusson, 1999)

- Ideas de suicidio (Herrell, 1999).

- Neurosis de angustia generalizada.

- Abuso de drogas.

- Desórdenes de conducta de adolescentes.

- Personalidades psicopáticas marginales (Parris, 1993; Zubenko, 1987)

- Esquizofrenia (Gonsiorek 1982)

- Narcisismo patológico (Kaplan, 1967)

Austria es una de las naciones que más apoyo ha dado a la comunidad LGBT. Desde 1971 legalizaron la conducta homosexual, en 6 de sus 9 repúblicas federales existen leyes contra la discriminación a causa de la orientación sexual y abundan muchas otras leyes y oportunidades para las personas con orientación homosexual. Sin embargo, en un estudio realizado en 2005 se demostró que la tendencia al suicidio previa y actual debido a la inconformidad de género y al aborrecimiento infantil entre homosexuales y heterosexuales era significativamente entre los primeros.

El 28% de los individuos homosexuales en el estudio tenían tendencias suicidas, mientras que en el grupo heterosexual la incidencia era de 13%. Además, los intentos suicidas en el grupo homosexual eran de 14% y 10% según el tipo, mientras que en el grupo heterosexual eran de 1% al 2% respectivamente.[xxxviii]

Estudios similares se han realizado en Hanoi, Shanghai, Estados Unidos, Nueva Zelanda, y muchas otras partes del mundo.[xxxix,xl,xli] Entre asiáticos, europeos, latinoamericanos, africanos, ricos, pobres, profesionales, o iletrados, en todas las culturas el resultado es el mismo, existe una prevalencia suicida entre las personas con conducta homosexual significativamente superior a la de las personas heterosexuales.

Recientemente, la tendencia entre los activistas lgbt ha sido utilizar esta realidad a su favor al exigir la promulgación de leyes que favorezcan a ese colectivo en aras de disminuir la alta tasa de suicidios. El mismo argumento lo han utilizado para promover la afirmación de género agresiva en niños con disforia de género. La frase: "es preferible una hija viva que un hijo muerto" hace alusión a esta tendencia suicida entre personas con disforia y afirma que la única solución es la afirmación de género mediante bloqueadores de pubertad, hormonas, y cirugías de cambio de sexo. Así, si un padre ama a su hijo, le apoyará en esa transición.

Una investigación de seguimiento a largo plazo, realizada sobre 324 personas sometidas a cirugías de reasignación de sexo concluyó que, después de las cirugías, estas personas tienen riesgos considerablemente más elevados de mortalidad, muerte por suicidio, intentos suicidas, morbilidad psiquiátrica, más riesgo de condenas criminales que la población general.[xlii] Aunque, en las sociedades donde la conducta homosexual es afirmada las tendencias suicidas tienden a disminuir, aún siguen siendo extremadamente elevadas en comparación con el resto de la población, dando a entender que el problema no se soluciona con la afirmación social de género, ni con cirugías o tratamientos de reasignación de sexo.

El mismo Dr. Spitzer, a quien se le atribuye haber demostrado, en 1973, que el homosexualismo no es una enfermedad. Escribió un "controversial" artículo en 2001 titulado: "¿Pueden algunos hombres gay y mujeres lesbianas cambiar su orientación sexual?", el cual desmentía el mito de la inmutabilidad homosexual y por tanto gran parte de sus argumentos anteriores.

Incluso la Wikipedia, de corte progresista, explicaba el cambio de opinión de Robert Spitzer (consultada en 2006):

> "El fundamento que daba anteriormente Spitzer
> para suprimir la homosexualidad como diagnóstico
> en 1973, era que, para ser considerada un desorden
> psiquiátrico, "debe producir regularmente angustia
> subjetiva o estar asociada regularmente con algún
> deterioro en la efectividad o funcionamiento social".
> Como otras condiciones sexuales que sí están
> clasificadas dentro de la lista de trastornos, la
> homosexualidad en sí misma no posee estos
> requerimientos para ser considerada como un

desorden psiquiátrico, debido a que muchas
personas están bastante satisfechas con su
orientación sexual y demuestran no tener deterioro
generalizado en la efectividad o el funcionamiento
social. Sin embargo, este argumento sólo considera
el hecho de que "muchos homosexuales estén
satisfechos con su orientación sexual" pero no
considera al gran número de homosexuales que no
lo están y que experimentan regularmente "angustia
subjetiva y deterioro generalizado en el
funcionamiento social". La supresión del diagnóstico,
afirman los críticos, es desfavorable para aquellos
que desearían buscar tratamiento para su
condición".

La vida gay no es ese modelo de humanidad, sencillez, amor, y
sensibilidad que tratan de transmitirnos en las novelas, filmes, y
medios de comunicación. Independientemente del evidente
conflicto conductual que vive el homosexual y psicológico que vive
el transexual, estas personas tienen conductas sexuales
extremadamente desenfrenadas. Entre ellos es común el adulterio,
las orgías, el cambio constante de parejas y otros hábitos que
atentan contra salud y la estabilidad psicológica y física.

Existen personas gays quienes pudieran ser una excepción a esta
regla, pero comúnmente, los celos, depresiones, las frustraciones,
insatisfacciones y otros sentimientos no saludables son el pan diario
de los que han caído en este trastorno sexual.

La ideología de género es la de personas que rechazan su propia
naturaleza, este rechazo produce un conflicto interno que no
desaparecerá como tampoco cambiará la naturaleza biológica de
estas personas. No importa cuántas hormonas, bloqueadores de
pubertad, mutilaciones, o injertos una persona se haga, nunca será
aquello que no es. El hombre y la mujer son mucho más que
hormonas, órganos reproductores exteriores, modo de vestir, gestos
al caminar. Un hombre nunca podrá entender qué es ser mujer,
porque biológicamente no es mujer, solo puede imaginar, suponer;
lo mismo ocurre en sentido inverso. Por tanto, quien trata de
transformarse en la persona del sexo opuesto solo puede
convertirse en algo que imagina, supone, y termina siendo solo una

triste caricatura esforzándose siempre por alcanzar una meta que nunca podrá distinguir o modelar.

Esta incapacidad no depende de la aceptación social, es interna. La frustración generada por el fracaso en este proyecto de vida es difícil de procesar y genera insatisfacción e inseguridad. Bajo la premisa de este movimiento, el problema se soluciona afirmando más la disforia, y explorando nuevas experiencias en este mundo, abriendo la mente. Así, la búsqueda de satisfacción a través de nuevas experiencias se vuelve una costumbre, y luego una adicción que, eventualmente, chocará de frente con las barreras morales de la sociedad. La sociedad es, por tanto, enemiga de mi estabilidad psicológica, satisfacción, y realización personal, al negarse a mover sus límites morales ahora es cruel, insensible, ilógica, homofóbica. El individuo utiliza métodos alternativos de auto aprobación, clubes nocturnos, aplicaciones de citas, orgías de intercambio de pareja, pero la frustración permanece, aparece la mentira, la manipulación, el engaño, el alcoholismo, los rasgos violentos, las drogas. ¿Cómo una persona puede amar a otra si se rechaza a sí misma? ¿Puede surgir amor desde el autodesprecio?

Nadie nace así. Quien rechaza su propia biología es víctima, no de la biología, sino de factores externos en su entorno que le arrastraron a esa confusión. La solución no es prolongar el desconcierto, sino concertarlo. Nuestra biología no es algo ajeno a nosotros como una ropa que nos cambiamos a discreción. No somos almas atrapadas en un cuerpo mortal. Somos personas compuestas por espíritu, alma, y cuerpo. Y esa composición da forma a lo que somos. No podemos quebrar esa composición sin rompernos a nosotros mismos.

¿Qué Dice la Biblia?

Como hemos dicho, esta ideología también presenta un importante conflicto con la Biblia. Lo que plantea el movimiento LGBTI, espiritualmente hablando, es que hubo una especie de error en el reparto de almas. Como si en el reino de los cielos hubiera varias líneas de producción celestiales: unas con géneros y otras con cuerpos. Y supuestamente deberían caer los géneros femeninos en cuerpos femeninos y los masculinos en sus cuerpos correspondientes, pero en algunos casos no fue así.

Ya lo dijo Ricardo Arjona en su canción "Que nadie vea" refiriéndose a una persona con disforia de género:

> "Que no lo hagan llorar en biología
> porque la ciencia no se percató
> que no lo hagan sufrir en teología
> con eso de que Dios se equivocó
> que nadie vea..."

Desde esta perspectiva, no solo hay un problema de producción y entrega, también existe un problema importante en el diseño: hay más géneros que cuerpos. De modo que no solo la supuesta fábrica tiene problemas en su línea de producción a la hora de emparejar cuerpos con "géneros", además, Dios ha diseñado los cuerpos con categorías insuficientes, incapaces de alinearse con los diversos "géneros" que recibe.

Entre ellos, algunos que dicen que la Biblia no condena la conducta homosexual, son los fanáticos religiosos homófobos quienes no entienden que "Dios es amor y ama a todos por igual" y eso es suficiente.

Otros plantean que la Biblia sí condena la conducta homosexual, no reconoce el dolor y sufrimiento de la comunidad LGBT, y que, por tanto, es un libro homofóbico que debe eliminarse y es el causante de gran parte del sufrimiento de esta comunidad.

Así, consideran que hay que arreglar el desastre que Dios ha hecho: identificar qué género tiene cada persona, y corregir los cuerpos mal diseñados; además, hay que avisar a la humanidad y, de paso, eliminar la influencia de la Biblia y la iglesia en la sociedad.

¿Condena Dios la conducta homosexual?

Por esa razón, es importante responder algunas interrogantes:

- ¿condena Dios la conducta homosexual?
- ¿Es cierto que la Biblia está siendo mal interpretada?
- ¿Es injusto Dios al condenar a alguien que no puede evitar actuar como lo hace?

Interesantemente, entre este grupo de personas existen quienes se hacen llamar "cristianos", con titulaciones "teológicas", algunos son "pastores" y llegan a "oficiar" matrimonios homosexuales y a impartir conferencias de interpretación bíblica donde "demuestran" sus posturas sobre la conducta homosexual en la Biblia.[xliii] Pero en realidad, al leer la Biblia, no buscan la opinión de Dios sobre el tema, sino justificar sus propias actitudes y criterios. No son cristianos, pastores, o teólogos, son activistas de la ideología de género que buscan imponerla y adaptar el mundo a su cosmovisión.

Los criterios sobre las Escrituras son muy variados, y generalmente son esgrimidos por personas que no las han leído, o por quienes tuercen el significado bíblico para imponer sus propias conclusiones. Las opiniones más comunes que escucho al dialogar con adherentes a esta corriente es que la Biblia no condena la relación homosexual, "eso es fanatismo de los creyentes o malas interpretaciones bíblicas". Otros dicen que la Biblia condena el homosexualismo, pero solo en el Nuevo Testamento, porque Pablo era homofóbico; pero al comienzo, en el Antiguo Testamento no era así. Y algunos afirman que hubo héroes bíblicos encubiertamente homosexuales, y que, sin embargo, Dios los afirmó y no condenó su conducta.

Muchas personas consideran que la Biblia es un libro difícil de interpretar. Sin embargo, no es necesario utilizar conocimientos avanzados de teología, hermenéutica, exégesis o idiomas antiguos para comprender lo que dicen textos como este:

Antiguo Testamento:

> "No te echarás con varón como con
> mujer; es abominación."

(Levíticos 18: 22)

> "Si alguno se ayuntare con varón como
> con mujer, abominación hicieron"

(Levíticos 20:13)

Nuevo Testamento:

> "¿No sabéis que los injustos no poseerán
> el reino de Dios? No erréis, que ni los
> fornicarios, ni los idólatras, ni los
> adúlteros, ni los afeminados, ni los que
> se echan con varones…"

(1ra a los Corintios 6:9)

Cualquier lector no predispuesto entiende claramente lo que dice la Biblia. La postura divina es clara, tanto en el Antiguo Testamento como en el Nuevo Testamento: la conducta homosexual es abominación para Dios, y los que la practican no serán recibidos en el reino de Dios.

El problema con la Biblia no es que sea difícil de entender, sino de aceptar. Muchas veces, en lugar de reconocer lo que dice la Biblia, tratamos de encontrar significados "ocultos", o de leer "entre líneas" con tal de comprender algo que no aceptamos. Cuando una persona prejuiciada busca encontrar algo en una frase, torcerá la frase en hasta encontrar ese significado invisible. Lo hemos experimentado todos en nuestro diario vivir. Lo experimenta Dios en quienes no quieren someterse a Él.

La historia de Sodoma y Gomorra es una de las más conocidas en las Escrituras. Los "varones de Sodoma, todo el pueblo junto, desde el más joven hasta el más viejo" (Génesis 19:4ss) intentaron "conocer", es decir, tener relaciones sexuales con los hombres que visitaban a Lot, su maldad era tan grande que hicieron "gran violencia" a Lot para lograrlo, y los visitantes, quienes en realidad eran ángeles de Dios, tuvieron que intervenir para rescatarle. Es entonces que le avisan a Lot que toda la ciudad sería destruida porque su maldad había llegado delante de Dios (Génesis 19:13).

Esta es la primera vez que en la Biblia se habla de hombres que querían tener relaciones sexuales con otros hombres. El deseo sexual de aquellos individuos era tan grande que llegaban a utilizar la violencia física. La escena no describe a personas felices llenas de amor los unos por los otros, comprensivas, sensibles, y tiernas, ni a un Dios cruel, incapaz de comprender ese amor. Describe a individuos pervertidos, a tal punto dominados por la lascivia, la lujuria, y la depravación sexual que eran capaces de utilizar todas las herramientas con que contaban con tal de violentar a otros seres humanos. En esta escena, el homosexual no solo es víctima, también es victimario, no es una persona llena de amor, sino alguien consumido por la frustración, la confusión, el deseo, y la violencia. Herido en su confusión, el homosexual es una alma angustiada, infeliz, sedienta de encontrar en el deleite sexual la felicidad y la plenitud. En su anhelo, lo que comienza violentando su propia naturaleza, puede llegar convertirse en el imperioso deseo de violentar la naturaleza de otros.

En el Nuevo Testamento (Romanos 1:23-27, TLA), el apóstol Pablo, inspirado por el Espíritu Santo, explica el origen de la conducta homosexual:

> "En vez de adorar al único y poderoso Dios, que
> vive para siempre, adoran a ídolos que ellos
> mismos se han hecho: ídolos con forma de seres
> humanos, mortales al fin y al cabo, o con forma de
> pájaros, de animales de cuatro patas y de
> serpientes.
> [24]Por eso Dios los ha dejado hacer lo que quieran, y
> sus malos pensamientos los han llevado a hacer
> con sus cuerpos cosas vergonzosas.
> [25]En vez de adorar al Dios verdadero, adoran a
> dioses falsos; adoran las cosas que Dios ha creado,
> en vez de adorar al Dios que las creó y que merece
> ser adorado por siempre. Amén.
> [26]Por esa razón, Dios ha dejado que esa gente haga
> todo lo malo que quiera. Por ejemplo, entre ellos
> hay mujeres que no quieren tener relaciones
> sexuales con los hombres, sino con otras mujeres.
> [27]Y también hay hombres que se comportan de la
> misma manera, pues no volvieron a tener
> relaciones sexuales con sus mujeres, sino que se
> dejaron dominar por sus deseos de tener

relaciones con otros hombres. De este modo,
hicieron cosas vergonzosas los unos con los otros, y
ahora sufren en carne propia el castigo que se
buscaron".

Así, ni la conducta homosexual ni la disforia de género surgen
debido a un error en la línea de producción celestial, o en el diseño
divino del cuerpo humano. Su origen está en el intento humano de
rechazar y sustituir a Dios. Al alejarnos del Creador hemos perdido el
rumbo, el punto de referencia, la brújula moral se ha vuelto loca y
en nuestros "malos pensamientos" (v.24) hemos hecho lo que de
nuestras propias perversiones ha surgido. La frase "lo que quieran"
en el versículo 24 se refiere a nuestras propias lujurias, pasiones,
codicias.

El Conflicto de Dios y su Solución

La Biblia no es ajena al conflicto existente entre lo correcto e
incorrecto en nuestro interior. De hecho, explica que, en el principio
no había maldad en la creación de Dios, éramos buenos (Génesis
1:31). Pero al rebelarse Adán, y rechazar el consejo de Dios,
condenó para siempre a la raza humana y heredamos cada uno esa
inclinación a hacer lo malo (Romanos 5:12). Así, entramos en
conflicto con el buen diseño original y terminamos pecando una y
otra vez alejándonos siempre del propósito original de Dios.

Nuestra predisposición a hacer lo malo es más fuerte en algunos
individuos que en otros, pero está en todos (Romanos 3:23). El
hecho de que no podamos controlar nuestro impulso a pecar, o de
que todos pequemos no cambia la naturaleza de nuestras acciones.
La masividad del pecado no lo hace bueno, la justicia no es
democrática, es moral. Dios es justo y no tendrá por inocente al
culpable (Números 14:18).

En ninguna corte humana un hombre es declarado inocente por
robar porque tenía hambre o porque haya muchos más que hayan
robado con él. El hambre o la sociedad pueden ejercer un impulso
tremendo, pero el delito sigue siendo delito, y la persona lo cometió
es culpable, y deberá llevar sentencia. Eso es justicia.

Un juez misericordioso, no puede exonerar al culpable, porque no sería un juez justo, solo puede confirmar su justa culpabilidad, y en su misericordia, rebajar su condena a causa de los factores atenuantes de ese caso. Pero igualmente debe condenar al culpable. Movido por la misericordia, un juez justo podría también ayudar al convicto a encontrar trabajo una vez cumplida la sentencia.

Y siendo justos, hacemos lo que hacemos, no podemos evitarlo, y somos "culpables", por tanto, merecemos la sentencia de Dios: muerte espiritual desde ahora, separados de la bendición de Dios con todas las ramificaciones psicológicas, sociales, intelectuales, espirituales, y naturales que ello implica. Eso es lo que ocurre en el individuo que peca

> "por cuanto todos pecaron, y están
> destituidos de la gloria de Dios"

> (Romanos 3:23).

Dios es justo en su naturaleza, si nos declarara inocentes entonces no sería Justo, y Dios no puede negarse a sí mismo. La situación de la humanidad, es crítica. Somos esclavos del pecado y por eso pecamos, al pecar nos alejamos de la luz y vivimos en tinieblas más esclavizados aun al pecado. Es un ciclo de autodestrucción del cual somos incapaces de escapar. Pero Dios provee una solución.

Dios es el Juez del universo y el modelo de justicia más perfecto. Nadie le puede engañar, Él conoce lo profundo de cada corazón y de la naturaleza humana. Así, no habrá error en su juicio ni en su condena. Evidentemente habrá niveles de castigo, algunos más severos que otros (Apocalipsis 20:13). Por tanto, cuando Dios dice que la conducta homosexual es un pecado, no tendrá por inocente al culpable, y todos los homosexuales serán condenados. Parte de ese castigo será en el juicio final, y otra parte ya estas personas lo están experimentando ahora mismo "ahora sufren en carne propia el castigo que se buscaron" (Romanos 1:27, TLA)

Sin embargo, más que misericordia sobre el convicto y una condena aliviada, a quienes se arrepienten de su rebelión contra Él, y desean que sus vidas cambien de dirección, Dios les ofrece la gracia: su favor inmerecido, un perdón total y una remisión del castigo. Así, Dios dice al culpable: espera, yo cumpliré la sentencia en tu lugar, recibiré el castigo que mereces, tú saldrás libre. Serás restituido, empoderado, adoptado como hijo de Dios, y gozarás de todos los privilegios de pertenecer a la familia de Dios. Cuando Jesús lleva nuestra condena, muere en nuestro lugar, y nosotros recibimos su vida en su lugar. En la muerte de Jesús Dios nos entrega la llave hacia una vida abundante, libres, plenos. Al aferrarnos por la fe a Cristo Jesús tomamos su vida, y resucitamos de nuestra muerte espiritual. El poder de Dios nos arrebata de las garras de la maldad y nuestro espíritu es vivificado con el Espíritu de Dios (Efesios 2:1-10).

Así, la Biblia toma sentido, la sabiduría de Dios desmonta las mentiras que aprendimos del mundo y sana nuestros traumas. El poder de Dios nos llena de frutos espirituales. Aparecen la autoestima, la seguridad, el amor, el gozo, la paz, la paciencia, la benignidad, la bondad, la fe, la mansedumbre, el dominio propio, la prudencia (Gálatas 5:23) y la vida comienza a tener propósito, encontramos el sentido para el cual existimos, un designio supremo, una meta a seguir (Efesios 1:3-11).

Es cierto, la tendencia a pecar es muy fuerte, en algunas personas más fuerte que en otras. Pero más fuerte aun, y por mucho, es el poder de Dios perdonándonos en Cristo, vivificándonos por su Espíritu Santo, y renovándonos mediante su Palabra viva en la Biblia (Efesios 1:19).

Incluso en la Biblia hay testimonios de personas homosexuales que fueron transformados por Dios:

> "¿No sabéis que los injustos no
> heredarán el reino de Dios? No erréis;
> ni los fornicarios, ni los idólatras, ni los
> adúlteros, ni los afeminados, ni los que
> se echan con varones, [10] ni los ladrones,
> ni los avaros, ni los borrachos, ni los
> maldicientes, ni los estafadores,
> heredarán el reino de Dios. [11] Y esto
> erais algunos; mas ya habéis sido
> lavados, ya habéis sido santificados, ya
> habéis sido justificados en el nombre
> del Señor Jesús, y por el Espíritu de
> nuestro Dios".

(1ra a los Corintios 6:9-11)

Cuando la Biblia dice, "ya fuisteis lavados, ya habéis sido santificados, ya habéis sido justificados" refiriéndose incluso a personas homosexuales está afirmando que ellos recibieron el paquete completo, una transformación en lo profundo de su ser y un empoderamiento hacia una vida plena.

De modo que Dios no se desentiende del problema de la humanidad, emite una sentencia justa en su justicia, y con su gran amor provee una salida inmerecida, poderosa, y suficiente en Cristo Jesús.

¿Qué pasa con los que no son cristianos?

Es cierto que no todas las personas tienen la provisión de Cristo para vencer la predisposición a pecar. Pero, a todos los hombres, cristianos y no cristianos, Dios ha dado una consciencia que nos juzga, orienta, y guía desde nuestro interior. El Salmo 16:7 dice:

> "Bendeciré a Jehová que me aconseja;
>
> Aun en las noches me enseña mi conciencia".

De modo que, si bien la maldición de Adán está en todos nosotros, haciéndonos desear hacer el mal, también en nosotros queda parte de aquel diseño original divino, bueno, aconsejándonos a través de la conciencia que todos tenemos. Es a través de ese antiguo soplo de la divinidad (Génesis 2:7) que Dios todavía nos habla, nos enseña en la "conciencia" (Salmo 16:7).

Seguramente usted entiende lo que digo, todos sabemos qué es la conciencia, y cuán intensa llega a ser cuando hacemos lo incorrecto.

Creo que nunca se escucha más claramente la conciencia que cuando somos niños ¡Es tan distinguible lo malo de lo bueno! ¡Es tan fuerte esa certeza! Robar es malo, y punto, mentir es malo y punto, la violencia física injusta es mala, y punto. Más adelante en la vida, la situación se va complicando, descubrimos los "elementos atenuantes", empezamos a darle colores a las mentiras, a justificar los robos, a victimizar a los criminales, a minimizar el daño ocasionado, y a justificar la violencia.

Cuando crecemos la voz de la conciencia es más débil, inoportuna, e incluso incómoda. El Salmo 16 dice que ese es el consejo de Dios, y lo estamos rechazando. Y eso tiene consecuencias. Poco a poco, la conciencia se convierte en el fantasma de lo que un día fue, pervertimos nuestra moral con malos pensamientos y comenzamos a darle prioridad a nuestras propias pasiones. Y a falta de un consejero, convertimos al ego en nuestro mentor.

El método natural de arreglar nuestras vidas comienza por prestarle atención a nuestra conciencia.

Por eso es que la Biblia dice:

> "Todas las cosas son puras para los puros, mas
> para los corrompidos e incrédulos nada les es
> puro; pues hasta su mente y su conciencia están
> corrompidas"

(Tito 1:15, LBLA)

Note la frase final "hasta su mente y conciencia están corrompidas". Una vez sumergidos en ese mundo, cegados por el nuevo dios placer, en la cultura del hedonismo, todo alrededor es teñido por la lujuria.

Es por eso que ven corrupción en las palabras de David en la Biblia cuando decía:

> *"Angustia tengo por ti, hermano mío Jonatán,*
>
> *Que me fuiste muy dulce.*
>
> *Más maravilloso me fue tu amor*
>
> *Que el amor de las mujeres"*

(2do de Samuel 1:26)

La historia de David y Jonatán ha sido interpretada por muchos como una muestra del afecto y el amor fraternal que pueden existir entre dos personas, y ha sido considerada un símbolo de la verdadera amistad y el compañerismo a lo largo de la historia. Sin embargo, estas personas, con "su mente y su conciencia corrompidas" ven, en David y Jonatán, una relación homosexual.

El ser humano no nace incrédulo, la incredulidad debe cultivarse, es una decisión. Todos tenemos la tendencia natural a creer en un Dios

Creador. En todas las culturas y sociedades del mundo sabemos que la conciencia, cuando no está contaminada, es un buen consejero. La Biblia enseña que guiándonos solo por ella podemos mantenernos bastante cerca del camino de Dios, incluso sin saber quién es Dios, ni conocer su Palabra.

La conciencia es un código incrustado en nuestros pensamientos, la carta magna que debe regir nuestra conducta por siempre, el manual del fabricante que nos ayuda a utilizar con sabiduría y eficiencia esta vida y este cuerpo que nos ha sido entregado. Es por eso que el primer mandamiento en importancia es:

> "Oye, Israel; el Señor nuestro Dios, el
> Señor uno es. Y amarás al Señor tu Dios
> con todo tu corazón, y con toda tu alma, y
> con toda tu mente y con todas tus
> fuerzas". Y el segundo es semejante:
> "Amarás a tu prójimo como a ti mismo"
> (Marcos 12:29-31).

En el primer mandamiento te acercas a Dios directamente, con tu corazón, alma, mente, y fuerzas. En el segundo te acercas a Dios mediante el amor a ti mismo, al diseño, al modelo de ti que Dios ha creado. Te acercas a Dios al vivir en armonía con todo tu cuerpo, tu mente, tus fuerzas, tu alma y, evidentemente, en armonía con tu conciencia. Te acercas a Dios al vivir en armonía con todas las otras personas que te rodean.

Es por eso que vemos personas que no siguen a Dios en el primer mandamiento, pero viven bastante bien debido a que, al menos obedecen el segundo mandamiento. Evidentemente, se están perdiendo el plato principal del buffet celestial: Dios mismo. Pero al menos están comiendo del postre y eso les trae bendición.

Cuando vemos la satisfacción que sobreviene sobre las personas incrédulas de Dios pero que viven en armonía con sus cuerpos, conciencias, y amistades, podemos pensar: si esa es la recompensa del segundo mandamiento en importancia ¿cuánto mayor será la recompensa del primer mandamiento? Si amar a la humanidad trae bendición ¿cuánta mayor bendición vendrá al amar al Dios creador de la humanidad?

Por tanto, algunos rechazan a Dios y a su conciencia, rebelándose contra nuestro propio diseño :

"[...] sufren en carne propia el castigo
que se buscaron. 28 Como no han querido
tener en cuenta a Dios, Dios los ha
dejado hacer todo lo malo que su mente
inútil los lleva a hacer. 29Son gente
injusta, malvada y codiciosa. Son
envidiosos, asesinos, peleadores,
tramposos y chismosos.

30Hablan mal de los demás, odian a Dios,
son insolentes y orgullosos, y se creen
muy importantes. Siempre están
inventando nuevas maneras de hacer el
mal, y no obedecen a sus padres.

31No quieren entender la verdad, ni se
puede confiar en ellos. No aman a nadie
ni se compadecen de nadie. 32Dios ya lo
ha dicho, y ellos lo saben, que quienes
hacen esto merecen la muerte. Y a pesar
de eso, no sólo siguen haciéndolo, sino
que felicitan a quienes también lo hacen"

(Romanos 1:28-32, TLA)

El último versículo es radical, fuerte: "merecen la muerte". Si
rebelarse contra un juez terrenal imperfecto merece un castigo
severo y ejemplar, rebelarse contra la creación y contra el Dios
infinitamente perfecto merece un castigo infinitamente severo y
ejemplar. La sentencia es: muerte eterna.

"He aquí que todas las almas son mías;
como el alma del padre, así el alma del
hijo es mía; el alma que pecare, esa
morirá" (Ezequiel 18:4),

"por cuanto todos pecaron, y están
destituidos de la gloria de Dios"

(Romanos 3:23).

¿Cómo puede un Dios justo condenar quienes no pueden cambiar su naturaleza?

Ciertamente existen pasiones humanas difíciles de controlar, y tanto el deseo homosexual como la disforia de género pertenecen a ese grupo, pero no son las únicas. Las pasiones no son automáticamente buenas o malas. La intensidad de un deseo no lo valida ni invalida. Hay pasiones fuertes como el amor, el deseo de justicia, el deseo sexual por el cónyuge, y muchos otros, que son deseables. También hay pasiones como la venganza, los celos, el odio, la lujuria, la codicia que son fuertes y definitivamente malignas. Muchas personas validan una pasión por su intensidad. Que una pasión sea fuerte, no significa que sea buena, e incluso, si es buena, tampoco implica que deba dejarse sin control.

En la Biblia escuchamos una y otra vez el llamado a la templanza o dominio propio (Gálatas 5:23). Y es por una buena razón, incluso el amor descontrolado puede ser malo. Sabemos de personas que motivadas por un amor descontrolado por su pareja cometen atrocidades, lo mismo ocurre con la justicia sin dominio propio, deja de ser justicia, o la laboriosidad sin descanso.

Podemos comparar las pasiones en nuestro interior con la corriente de un río. La intensidad de la corriente de agua en un río puede ser una fuerza increíblemente intensa, si le añadimos una represa y una hidroeléctrica puede entregar electricidad a ciudades, hospitales, y escuelas. Pero si la presa se quiebra, si la fuerza del agua no se contiene, la misma sustancia que trae vida se convierte en una fuerza mortífera que destruye todo a su alrededor. Como la presa y la hidroeléctrica que contienen y canalizan la potencia del río, el dominio propio es la habilidad que toda persona madura debe desarrollar a fin disfrutar de las pasiones que Dios ha puesto en nuestros corazones y de que sean beneficiosas para todos a nuestro alrededor.

En el caso de las pasiones homosexuales, ya la Biblia está diciendo que no son buenas, que no están alineadas con el propósito del diseño de Dios al crear a la humanidad, son una corrupción del propósito y tienen en sí misma su propio castigo. Por tanto, no debe dárseles rienda suelta. Existen ejemplos de pasiones fortísimas que todos conocemos que son muy difíciles de controlar, y las consecuencias de estas conductas son bien conocidas.

Ya hemos hablado del alcoholismo (adicción incontrolada por las bebidas alcohólicas), la cleptomanía (deseo incontrolable de robar), y la piromanía (tendencia incontrolable a quemar cosas), como ejemplos de conductas humanas difíciles de controlar pero que igualmente son condenables, no solo en la Biblia sino en todos los sistemas de justicia humana. A nadie se le ocurre decir que como el alcohólico no puede resistir sus impulsos a beber debemos animarlo a seguir haciéndolo, aplaudirle, e incluso comprarle las bebidas que lo harán "feliz". Del mismo modo, el hecho de que las pasiones del homosexual o de la persona con disforia de género sean intensas no las convierte en buenas, deseables, ni afirmables.

Los hombres somos responsables de los actos que realizamos

Por otro lado, el hecho de que una conducta sea extremadamente difícil de controlar tampoco justifica la acción que se realiza, ni exime a ese individuo de las consecuencias o responsabilidades por su comportamiento. La naturaleza humana, por compleja que sea es simple en su diseño, no somos autómatas, somos personas. Nuestras acciones, aunque son influenciadas por nuestras emociones y nuestros sentidos sensoriales, son determinadas por conclusiones a las que llegamos a través de nuestros modelos de razonamiento, son decisiones que a fin de cuentas tomamos.

Todo comienza con una simple decisión. Una decisión etérea, incorpórea que existe solo en nuestra mente, impalpable: la conclusión a las divagaciones de nuestros pensamientos. Si nuestros razonamientos son adecuados, la conclusión será buena, y también la decisión. Eventualmente esa decisión se convertirá en una acción, en un evento tangible, para bien o para mal. Y si repetimos una y otra vez el evento, será una rutina, un hábito, una costumbre y, en algunos casos, una adicción de la que será más difícil escapar.

Cuando nuestras decisiones están fundamentadas en la sabiduría de Dios mostrada en la Biblia, en primer lugar, tenemos una garantía de éxito seguro.

"¿Por qué me llamáis, Señor, Señor, y no
hacéis lo que yo digo? ⁴⁷ Todo aquel que
viene a mí, y oye mis palabras y las hace,
os indicaré a quién es semejante. ⁴⁸
Semejante es al hombre que al edificar
una casa, cavó y ahondó y puso el
fundamento sobre la roca; y cuando vino
una inundación, el río dio con ímpetu
contra aquella casa, pero no la pudo
mover, porque estaba fundada sobre la
roca. ⁴⁹ Mas el que oyó y no hizo,
semejante es al hombre que edificó su
casa sobre tierra, sin fundamento; contra
la cual el río dio con ímpetu, y luego
cayó, y fue grande la ruina de aquella
casa"

(Lucas 6:46-49).

El segundo fundamento en importancia que debemos tener es la
sabiduría humana basada en la lógica:

Los proverbios de Salomón, hijo de
David, rey de Israel.

² Para entender sabiduría y doctrina,

 Para conocer razones prudentes,

³ Para recibir el consejo de prudencia,

 Justicia, juicio y equidad;

⁴ Para dar sagacidad a los simples,

 Y a los jóvenes inteligencia y cordura.

⁵ Oirá el sabio, y aumentará el saber,

 Y el entendido adquirirá consejo,

⁶ Para entender proverbio y declaración,

 Palabras de sabios, y sus dichos
profundos.

(Proverbios 1:1-6)

Y el tercer fundamento en importancia para nuestros razonamientos
son las buenas emociones y la empatía.

"El odio despierta rencillas;
 Pero el amor cubrirá todas las faltas"

(Proverbios 10:12)

De modo que las emociones deben formar parte de nuestra línea de razonamiento, pero no deben ser el timón que guía nuestras vidas. Y esto es porque las emociones varían por muchos factores, y no son confiables, muchas veces tampoco son razonables.

"El hombre de doble ánimo es
inconstante en todos sus caminos"

(Santiago 1:8)

Cuando nuestros razonamientos están mal fundamentados tomamos malas decisiones, y pecamos. La palabra pecar, en su sentido original significa "errar al blanco". Como cuando lanzamos una flecha y no damos en la diana, es fracasar.

Desde el punto de vista de divino, el pecado no es solo una ofensa a otra persona, es un desafío a los planes y propósitos de Dios, un acto de rebelión y desacato a la autoridad divina. No es solo hacer lo malo contra mi prójimo según él o yo creamos que sea malo, sino hacer lo que Dios dice que no debemos hacer. Pecar es fracasar en el propósito diseñado por Dios para Dios y para los hombres.

Al rechazar el diseño de Dios estamos diciendo que despreciamos la sabiduría, consejo, amor, gobierno, orden, promesas, y regalos divinos. Por eso, cuando pecamos, Dios nos libera para que hagamos y tengamos exactamente lo que verdaderamente apreciamos: errar.

Dios es el origen y sustancia del orden y la justicia y el amor, y no es posible rechazar a Dios y tener a Dios a la misma vez. Quien decide vivir lejos de Dios estará cada vez más lejos de la fuente de esos atributos que dice buscar.

Lejos de Dios, perdemos a Dios y sus bondades, y ese vacío tenemos que llenarlo de alguna manera. Así, nos inventamos religiones, sustitutos, ídolos en lugar del Creador, sexualidad desenfrenada en lugar de amor, Facebook en lugar de sabiduría, horóscopo en lugar del Espíritu de Dios, sectas en lugar de comunión con el pueblo de Dios, admiración a un líder carismático egocéntrico en lugar de adoración al Cristo que sí dio su vida por nosotros, satisfacción terrenal temporal en lugar de promesas eternas, egoísmo por justicia, supervivencia en lugar de bondad, frustración por esperanza, risas vacías por vida plena.

La vida es más que el bombeo de la sangre por el corazón, la vida es todo lo que Dios es, y da. Cuando una persona se aleja del diseño de Dios, se aleja de la vida, la Biblia dice que entonces ya estamos muertos (Efesios 2:1), y lo estaremos una segunda vez en el futuro, en el juicio eterno, alejados para siempre de Dios (Apocalipsis 20:14-15).

Esperanza

Esa vida es difícil. Las consecuencias ya son palpables. Los índices de depresión, alcoholismo, intentos de suicidios, y suicidios entre la población LGBT, específicamente, son muy elevados. Pareciera que no hay esperanza.

Pero, esto dice Dios en 1ra a los Corintios 6:9-11:

> "¿No sabéis que los injustos no
> heredarán el reino de Dios? No erréis;
> ni los fornicarios, ni los idólatras, ni los
> adúlteros, ni los afeminados, ni los que
> se echan con varones, 10 ni los ladrones,
> ni los avaros, ni los borrachos, ni los
> maldicientes, ni los estafadores,
> heredarán el reino de Dios. 11 Y esto
> erais algunos; mas ya habéis sido
> lavados, ya habéis sido santificados, ya
> habéis sido justificados en el nombre
> del Señor Jesús, y por el Espíritu de
> nuestro Dios".

En este pasaje bíblico Dios está hablando a los pecadores en general, incluyendo a los "afeminados, y quienes se echan con varones", es decir a los LGBT.

Entienda que el pasaje bíblico no está hablando de sentimientos, o de eventos incidentales, sino de personas quienes tienen se dedican a realizar estos actos. Por ejemplo, si bien robar es un pecado condenado en otras partes de la Biblia, este pasaje está condenando explícitamente a las personas que se dedican a robar: los ladrones. El texto no dice: "los que han robado", sino los ladrones, es decir, quienes se dedican a robar. Así tampoco dice "los que se han echado con varones", sino los que "se echan" con varones.

Cualquiera de las personas descritas en los versículos 9 y 10 hace lo que hace por voluntad propia, y ha pensado bastante en esto, ha desarrollado una línea de argumentos que no solo defiende y justifica su modo de actuar, sino que lo mejora y afirma.

Es difícil abandonar una conducta tan arraigada, la falta de voluntad, la corrupción de los pensamientos, y la adicción traicionera a la satisfacción instantánea y temporal que se obtiene no ayudan a una liberación.

Pero en el versículo 11 dice: *"esto erais algunos"*, lo dice en un tiempo verbal que indica el pretérito, el pasado: algunos eran ladrones, ya no lo son, algunos eran afeminados, ya no lo son, algunos se echaban con hombres, ya no lo hacen, algunos eran borrachos, ya no lo son. Increíblemente, algo pasó y la conducta quedó en el pasado y todo cambió.

¿Qué ocurrió? Ese es uno de los misterios de la Biblia, el milagro más común que se manifiesta en la iglesia, y el más sorprendente y extraordinario. Los cristianos, durante los dos mil años de historia de la iglesia le han llamado de diferentes formas: conversión, nuevo nacimiento, transformación, regeneración. La transformación de un individuo para bien es el milagro por excelencia y el mensaje fundamental del evangelio cristiano, no solo en el caso de personas con disforia de género sino en el caso de todas las conductas de rebeldía en contra del orden, la sabiduría, y el reinado de Dios.

> *"Y esto erais algunos*; mas ya habéis sido lavados, ya habéis sido santificados, ya habéis sido justificados en el nombre del Señor Jesús, y por el Espíritu de nuestro Dios".
>
> (1ra a los Corintios 6:11)

Algunos creen que lo que han hecho es tan extremo que ya no hay vuelta atrás, no hay esperanza, no hay salvación posible. Después de tantas barreras morales destruidas, de tantos traumas, de tanta confusión, incluso después de haber llegado a mutilar sus propios cuerpos, algunas personas creen que no les queda esperanza de vida plena. Pero la Biblia dice que sí. Sí hay esperanza.

En otro pasaje, se narra la historia de un hombre que había sido sometido a una cirugía para eliminar sus genitales. Aquel eunuco leía la Biblia cuando Felipe, guiado por el Espíritu Santo de Dios, se le acercó y le predicó el evangelio.

> "Entonces Felipe, abriendo su boca, y comenzando desde esta escritura, le anunció el evangelio de Jesús. [36] Y yendo por el camino, llegaron a cierta agua, y dijo el eunuco: Aquí hay agua; ¿qué impide que yo sea bautizado? [37] Felipe dijo: Si crees de todo corazón, bien puedes. Y respondiendo, dijo: Creo que Jesucristo es el Hijo de Dios. [38] Y mandó parar el carro; y descendieron ambos al agua, Felipe y el eunuco, y le bautizó"
>
> (Hechos 8:35-38).

Es interesante que cuando el eunuco pidió ser bautizado, Felipe le bautizó. Dios, a través del evangelista no puso obstáculos a su bautismo, por el contrario, se esforzó por hacer que este hombre tuviera la oportunidad de un nuevo comienzo en su vida, ahora en compañía de Dios comenzando desde su bautismo en agua.

Al bautizarle Felipe le estaba reconociendo como cristiano, le estaba dando la bienvenida a la comunidad de fe, pero, sobre todo, estaba reconociendo la obra que Dios había comenzado en su vida.

Nota el esfuerzo divino guiando al evangelista a encontrarse con el eunuco (vv.26-27):

> "Levántate y vé hacia el sur, por el camino que desciende de Jerusalén a Gaza, el cual es desierto. [27] Entonces él se levantó y fue. Y sucedió que un etíope, eunuco, funcionario de Candace reina de los etíopes, el cual estaba sobre todos sus

tesoros, y había venido a Jerusalén para
adorar...".

No hay camino tan profundo que haga que Dios deje de buscarnos.
El eunuco fue tan sensible como para decir, aquí estoy Dios, mi vida
entrego ante ti ¿Qué hubiera pasado si el eunuco dijera "oye mira yo
estoy en otra cosa ahora no tengo tiempo para esto"? Su vida habría
seguido siendo la misma. Como eunuco africano, probablemente
llevaba toda su vida al cuidado del harén real. Pero ahora, según la
tradición africana, su vida dio un vuelco tan radical que al regresar a
Etiopía compartió en todas partes lo que Dios había hecho con él.

Hay esperanza. En algún lugar, entre la confusión y la oscuridad, la
conciencia habla y señala un camino diferente. En algún lugar, Dios
envía a un Felipe para decirnos la buena noticia de vida abundante,
de un poder superior y suficiente para romper las ataduras de
esclavitud, de malos hábitos, de pensamientos corrompidos.

Cualquiera que sea sincero consigo mismo sabe cuán difícil es salir
de un mal hábito. Y entre más dentro estamos más difícil es hallar el
camino de vuelta.

¿Cómo ocurre ese milagro? Eso es un misterio, pero algo dice la
Biblia.

> "Y esto erais algunos; mas *ya habéis sido
> lavados, ya habéis sido santificados, ya
> habéis sido justificados en el nombre del
> Señor Jesús, y por el Espíritu de nuestro
> Dios*".

> (1ra a los Corintios 6:11)

Pablo dice que Jesús y el Espíritu Santo obran sobrenaturalmente en
tres modos para que nuestra vida en tinieblas sea un recuerdo del
pasado: el lavamiento, la santificación, la justificación. Estas
operaciones espirituales sobrenaturales de Dios son la clave para
quienes quieren ser liberados de cualquier atadura en sus vidas.

El evangelio se ha predicado durante dos mil años desde que Jesús
dejó esta tierra para sentarse a la diestra de Dios. Ha sido anunciado
en todos los continentes, idiomas, y culturas. Ningún mensaje ha
sido más perseguido, desacreditado, prohibido, y sancionado como

el mensaje de la buena noticia de que hay una esperanza para el que cree en Jesús. ´

A pesar de la persecución, a pesar de que no hay mérito externo en creer en Jesús en muchos lugares, las personas siguen testificando de que Él es quien dice ser. Y el mensaje, el milagro más importante, el combustible que ha propagado la llama del evangelio a todas las naciones, a todas las culturas, en todas las épocas, es el testimonio de personas transformadas sobrenaturalmente por Jesús.

La mayor prueba de que Dios puede liberar a un alma encadenada por los malos hábitos, la confusión, los traumas, y las mentiras es la existencia de la iglesia de Jesús a pesar de los imperios que han tratado de destruirla una y otra vez

¿Por qué alguien perseveraría en creer en Jesús a pesar de la pobreza, el desprecio de todos, o la muerte? La respuesta es simple, no podemos negar al que nos rescató de nosotros mismos y nuestras necedades. Hay una calidad de vida que excede por mucho lo que este mundo pueda darnos: aprobación, fama, comodidades, aplausos, vanidad.

Aunque no podamos entender cómo es que estas tres operaciones sobrenaturales de Dios funcionan para liberarnos, sí podemos entender cómo activarlas en nuestras vidas y qué resultados debemos esperar.

Veamos una a la vez.

El lavamiento espiritual

El lavamiento espiritual es parte de la regeneración que Dios quiere que obrar en nosotros, del cambio radical que debe ocurrir para que podamos vivir una vida nueva (Tito 3:5; Efesios 5:26). Ocurre mediante la fe en las enseñanzas de la Palabra de Dios.

> "[Dios]... nos salvó, no por obras de justicia
> que nosotros hubiéramos hecho, sino por
> su misericordia, *por el lavamiento de la
> regeneración* y por la renovación en el
> Espíritu Santo, el cual derramó en nosotros
> abundantemente por Jesucristo nuestro
> Salvador, para que justificados por su

gracia, viniésemos a ser herederos
conforme a la esperanza de la vida eterna"
(Tito 3:4-7)

"...Cristo amó a la iglesia, y se entregó a
sí mismo por ella, para santificarla,
habiéndola purificado en *el lavamiento
del agua por la palabra*, a fin de
presentársela a sí mismo, una iglesia
gloriosa, que no tuviese mancha ni
arruga ni cosa semejante, sino que
fuese santa y sin mancha"

(Efesios 5:25b-27).

Cuando creemos a la Palabra de Dios, el Espíritu Santo de Dios obra una renovación espiritual, empieza a limpiar nuestra alma y espíritu de todo lo que le contamina. Esto no es un evento místico de éxtasis que se activa cuando se lee la Biblia como en las películas de Hollywood durante un exorcismo. Es el resultado de estudiar, creer, e integrar la Palabra de Dios a nuestras vidas.

Sin embargo, no ocurre solo por leer o entender la Palabra de Dios, no es un evento puramente intelectual. Es una *"renovación en el Espíritu Santo"*, lo que implica la participación activa de Dios en el evento. Por eso es tan eficiente. Lo que no podemos hacer nosotros sermoneándonos, ni nuestros amigos, ni un psicólogo, lo hace sobrenaturalmente el Creador en su poder y conocimiento de nuestros más profundos secretos y debilidades.

La enseñanza de la Palabra de Dios es la herramienta escogida por Dios en esta primera operación sobrenatural. Por eso Jesús decía a los apóstoles después de compartir con ellos muchas veces.

"Ya vosotros estáis limpios por la palabra
que os he hablado"

(Juan 15:3)

¿Qué ocurre en el lavamiento?: Nuestra mente es renovada (Romanos 12:2; Juan 15:3), y los viejos argumentos de mentira y confusión comienzan a desaparecer, permitiéndonos ver con claridad las verdades eternas del propósito, diseño, reino, y sabiduría de Dios para nuestras vidas.

> "No os conforméis a este siglo, sino
> *transformaos por medio de la renovación de*
> *vuestro entendimiento, para que comprobéis*
> *cuál sea la buena voluntad de Dios, agradable y*
> *perfecta"*
>
> (Romanos 12:2).

Esa mente renovada comienza a pensar diferente, a razonar diferente y despierta en nosotros una esperanza y una fe en un *siglo* diferente. Entonces, en esa esperanza, en esa fe, obra el Espíritu Santo, liberando un poder sobrenatural sin el cual no podríamos abandonar nuestros viejos hábitos, criterios, vicios, y adicciones. La Biblia le llama regeneración, que significa nacer de nuevo.

> Pero cuando se manifestó la bondad de Dios
> nuestro Salvador, y su amor para con los
> hombres, 5 *nos salvó, no por obras de*
> *justicia que nosotros hubiéramos hecho, sino*
> *por su misericordia, por el lavamiento de la*
> *regeneración y por la renovación en el*
> *Espíritu Santo,* 6 el cual derramó en nosotros
> abundantemente por Jesucristo nuestro
> Salvador, 7 para que justificados por su
> gracia, viniésemos a ser herederos conforme
> a la esperanza de la vida eterna
>
> (Tito 3:4-7).

El conocimiento de lo bueno y lo malo revelado en las Escrituras no es suficiente para ser transformados, por eso le llamamos milagro, por eso necesitamos el poder del Espíritu Santo.

Quienes hemos sido renovados, sabemos que es necesaria una fuerza exterior, sabemos que es poderosa, que algo en nuestro interior desaparece y algo nuevo nace, que nuestro modo de actuar es transformado definitivamente, mueren nuestros deseos antiguos, nuestras viejas adicciones, nuestras viejas rebeldías, y son sustituidas por una adoración sublime, una vida plena, un disfrute intenso de los placeres verdaderamente puros de la vida.

La santificación espiritual

La santificación es separación. En esta operación, Dios nos separa, diferencia, y consagra para un propósito específico.

La Biblia enseña que la humanidad como un todo fue creada con numerosos propósitos generales, y en esos propósitos es perfecta, plena. También, que cada individuo fue creado con propósitos específicos, únicos. Esta relación Creador-diseño-propósito no solo es similar a la labor del artista que expresa una idea en una hermosa obra de arte, también es similar a la labor del ingeniero que diseña un complejo mecanismo para que sea eficiente, funcional, útil, e ideal para ese propósito.

> En él asimismo tuvimos herencia,
> habiendo sido predestinados *conforme al*
> *propósito del que hace todas las cosas*
> *según el designio de su voluntad,* [12] a fin
> de que seamos para alabanza de su
> gloria, nosotros los que primeramente
> esperábamos en Cristo
>
> (Efesios 1:11-12).

Uno de los grandes problemas de la ideología de género es el rechazo al diseño de nuestros cuerpos y almas, y la frustración que viene acompañada por un diseño que supuestamente no es útil para lograr los objetivos que nuestra alma se traza.

Cuando una persona es santificada, es separada de las masas sin rostro, descubre su autenticidad, su individualidad, su propósito, y que su cuerpo, su personalidad, y sus emociones bien afinadas y alineadas según el diseño original, son una maquinaria magnífica, útil, de bendición, que trae fruto a todos los que le rodean y a sí misma.

La santificación nos acerca a Dios, y nos aleja de la rebelión, de la necedad, de la vacuidad. La santificación llena de sentido cada área de nuestras vidas y purifica cada uno de nuestros actos desde el interior.

Una persona santificada no hace el bien porque "debe" hacerlo, sino porque "puede" y "anhela" hacerlo. Así de profunda es la transformación que ocurre en los santificados.

La santificación es un evento, pero también un proceso. Somos repentinamente separados al ser tocados por el poder del Espíritu Santo con la autoridad de Cristo mediante la fe en la Palabra de Dios y abrazamos una nueva vida llena de propósito y significado. En un instante nacemos de nuevo, ya no para la vieja vida, sino para una más abundante y plena.

La santificación no es una lista de cosas que no podemos hacer, sino un universo de cosas que ahora sí podemos hacer. ¿Por qué regresar a las tinieblas cuando ahora, por fin, puedo ver y disfrutar la luz? Desde la perspectiva externa, algunos piensan que el cristiano "tiene prohibido" y "no puede" hacer ciertas actividades. Pero la realidad es un poco más profunda, el cristiano está embelesado por la belleza de la nueva vida, y horrorizado por lo que hacía antes. La santificación ha obrado en él y ahora ve las obras del pasado como indeseable, y anhela la plenitud de la vida de Cristo en sí.

No es perfecto y, aunque en el evento de la santificación cambió su vida para siempre y sus tinieblas fueron arrancadas de su vida, todavía hay trabajo por hacer y debe seguir creciendo, debe seguir santificándose, por eso también es un proceso.

Seguiremos siendo paulatinamente más santificados durante el resto de nuestras vidas, afinando y alineando nuestras vidas cada vez más cerca del plan y diseño de Dios.

La justificación espiritual

La última operación sobrenatural que utiliza Dios para poner en el pasado nuestra antigua vida de fracaso y confusión es la justificación. La justificación habla de juicio, de la evaluación de nuestras acciones, y de asumir las consecuencias.

Ya dijimos que Dios es un Juez justo, y nunca "tendrá por inocente al malvado" (Éxodo 34:7). Y eso es un problema para todos los que hemos sido rebeldes contra Dios. La omnisciencia de Dios hace que todos nuestros pecados estén delante suyo y que merezcamos una justa sentencia de culpabilidad. No podemos escondernos, Dios no puede ignorar nuestra maldad.

Vimos que conflicto entre el Juez justo y el Padre amoroso se resuelve violentamente en la cruz del Calvario, a un precio infinito. Dios mismo toma forma de hombre y se sacrifica a sí mismo hasta sufrir el castigo que nosotros merecemos. En la cruz el Juez Eterno emite su juicio: culpables, todos nuestros pecados están delante suyo y se vierten sobre Cristo hasta desatar la ira de su justo juicio. El castigo: la excomunión eterna, de la vida de Dios, de la sabiduría de Dios, de la misericordia de Dios, la muerte eterna. Allí exclamó Jesús "Dios mío, ¿por qué me has abandonado?". Nuestra soledad y abandono estaban sobre Él, entonces dijo: "consumado es", y murió.

Pero ocurrió lo indecible, la muerte, el castigo por el pecado no puede contener al que nunca ha pecado al santo, santo, santo, y Dios encarnado resucita. Jesús dice algo tremendo, todo el que cree en mí será justificado. Así como su castigo fue sobre mí, mi justicia será sobre ti.

> *El que no escatimó ni a su propio Hijo, sino*
> *que lo entregó por todos nosotros, ¿cómo*
> *no nos dará también con él todas las*
> *cosas?*
> *33 ¿Quién acusará a los escogidos de Dios?*
> *Dios es el que justifica.*
> *34 ¿Quién es el que condenará? Cristo es el*
> *que murió; más aun, el que también*
> *resucitó, el que además está a la diestra de*
> *Dios, el que también intercede por*
> *nosotros.*
> *35 ¿Quién nos separará del amor de Cristo?*
> *¿Tribulación, o angustia, o persecución, o*
> *hambre, o desnudez, o peligro, o espada?*
> *36 Como está escrito:*
>> *Por causa de ti somos muertos*
>> *todo el tiempo;*
>> *Somos contados como ovejas de*
>> *matadero.*

[37] Antes, en todas estas cosas somos más
que vencedores por medio de aquel que
nos amó.
[38] Por lo cual estoy seguro de que ni la
muerte, ni la vida, ni ángeles, ni
principados, ni potestades, ni lo presente,
ni lo por venir, [39] ni lo alto, ni lo profundo,
ni ninguna otra cosa creada nos podrá
separar del amor de Dios, que es en Cristo
Jesús Señor nuestro.

(Romanos 8:32-34)

La justificación, o el ser considerado justos sin merecerlo es la llave
más valiosa del universo. Es la llave que nos da acceso para siempre
ante la presencia de Dios. Si antes éramos forasteros y veíamos a
Dios desde lejos, ahora toda vez que oramos, nuestro espíritu tiene
acceso a la presencia misma del Padre de las luces, al Dios inmortal,
eterno, al Único y Sabio Rey de reyes y Señor de señores. La
justificación libera sobre nosotros todos los poderes espirituales de
Dios: la respuesta a las oraciones, la santificación, la comprensión de
la sabiduría de Dios, la intervención del Espíritu Santo en nuestras
vidas y el cumplimiento de muchísimas promesas más en la Biblia.
Ya no somos culpables, ahora somos justos.

La receta divina para quienes viven lejos de Él, no es el lavado de
cerebro, no es la autosugestión, no es una terapia de conversión o
de aversión, no es inundarnos con frases positivas de
automotivación, ni llenarnos de medicamentos y drogas para lidiar
con el dolor y el trauma. Es un encuentro con el Dios altísimo a
través del Espíritu Santo con la autoridad de Jesucristo, y por medio
de la fe en la Palabra de Dios. Y ese encuentro tiene un resultado
renovador, perdurable, magnífico, santo.

Mitologías de la Calle

Ya llegando casi al final de este libro quiero responder algunas de las afirmaciones más habituales que he escuchado en mis conversaciones con personas de esta ideología.

Ya profundizamos en los argumentos más importantes de la ideología de género. Sin embargo, existen otras afirmaciones más superficiales que quisiera responder brevemente.

La homosexualidad siempre ha existido, la evidencia de ello puede verse en las sociedades griegas, romanas, y de muchas otras naciones.

Es cierto que la conducta homosexual puede rastrearse en culturas muy antiguas, en Grecia, Roma, e incluso en la américa precolombina puede verse indicios de conducta homosexual. Sin embargo, el hecho de que un hábito humano haya existido desde tiempos antiguos no lo hace deseable. Los asesinatos, robos, y violaciones sexuales son un mal de la humanidad desde sus inicios. El hecho de que la humanidad lleve siglos lidiando con ese problema no quiere decir que debamos rendirnos y afirmar a las personas que cometen estos crímenes. Del mismo modo, la antigüedad de la conducta homosexual no es razón para afirmar que es una conducta aceptable del ser humano.

La homosexualidad es algo natural, incluso los animales la practican.

Los animales no pueden ser homosexuales en el sentido de la palabra. El conflicto de la aceptación o no de la conducta homosexual en la sociedad está su sustento moral. Levantar a los animales como modelos morales es ilógico dado que ellos no tienen concepto de lo moral.

De cualquier forma, el hecho de que en la naturaleza algunos animales tengan relaciones sexuales con otros animales de su mismo sexo no implica que nosotros debamos imitar esa conducta como parte de la naturaleza en general. Los animales se comen su propio excremento, o a sus propias crías, y eso es una conducta natural en ellos. No por eso nosotros debemos poner la naturaleza humana moral al mismo nivel de la naturaleza animal amoral.

Los animales no tienen conciencia, remordimientos, o criterio de justicia. Pueden sentir fidelidad, empatía, dolor, y tener memoria de ciertos eventos, pero les falta mucho para llegar a comprender la justicia y moral humanas. No son un punto de referencia al cual debamos imitar renunciando a nuestra inteligencia y moralidad.

La homosexualidad no le hace daño a nadie

Como ya hemos visto, la conducta homosexual sí hace daño. El autorechazo del individuo homosexual o con disforia de género provoca frustración, y depresión en el propio individuo, además de que divide familias y provoca dolor a las personas alrededor.

La comunidad LGBT hace mucho énfasis en el dolor que sufren sus acólitos porque la sociedad no se ajusta a sus percepciones de la vida, sin embargo, no menciona el dolor de quienes han tenido que vivir con el engaño, la frustración, la depresión, e inestabilidad emocional de estas personas. Tampoco menciona los matrimonios destruidos, los hijos abandonados, los abuelos decepcionados.

Cuando una persona intenta o logra suicidarse no solo se afecta a sí misma, afecta a todos a su alrededor.

Además, el movimiento LGBT ha pasado de "pedir" ser aceptados a "exigir" ser aceptados y eso añade dolor y estrés a todos sobre quienes impone una carga que no pidieron ni tienen por qué cargar.

La homosexualidad no se pega (no se transmite)

Ya vimos que nadie nace homosexual o con disforia, eso es algo que se recibe en algún momento de la vida. La agenda LGBT que dice buscar "concientizar" a las nuevas generaciones de la existencia de individuos diferentes, realmente está buscando "inyectar" la ideología y los conceptos de género en esta generación.
Utilizan libros que sugieren que una persona es más divertida si es gay o transgénero, enseñan jóvenes y niños a explorar su género sexual por medio de experimentación con otros niños o jóvenes. Crean espacios y conferencias donde ayudan a los más jóvenes a "abrir la mente para descubrirnos nuestra propia sexualidad".

Pero la enseñanza es una farsa, es un modo de darles a probar una droga que les provocará un placer momentáneo para que acepten una ideología de confusión. Y una vez allí se hundirán cada vez más buscando la satisfacción efímera de una promesa falsa.

La conducta homosexual y la ideología de género sí se transmiten, no por contacto, sino por influencia, por enseñanzas, por manipulación. Como profetas del hedonismo moderno el movimiento LGBT inunda las escuelas, círculos infantiles, universidades, filmes, novelas, noticiarios, y mercados con su propaganda animando a probar un poco de esta droga que venden como fantástica solución a cualquier confusión o problema que tengamos en la vida.

El movimiento LGBT no está concientizando a las nuevas generaciones, las está contaminando, con la esperanza que entre más contamine más imparable será esta ideología a nivel mundial.

Los que se oponen a la ideología de género, al querer eliminar a todos los LGBTI, son el equivalente moderno de los fascistas del siglo pasado.

Las personas que no están de acuerdo con la ideología de género no quieren "exterminar" ni "violentar" a los homosexuales o personas que se consideran transgéneros. Hay una diferencia entre rechazar a una ideología y rechazar a un individuo. Querer eliminar la influencia de la ideología de género sobre nuestros hijos, familias, escuelas, centros de trabajo, centros de entretenimiento, y legislaciones no es querer "exterminar" a los LGBTI.

Los padres y madres de familia estamos protegiendo a nuestros hijos. Quien quiera tener una conducta homosexual, o creerse transgénero, tiene todo derecho de hacer con su vida lo que desee. Pero nosotros tenemos el derecho y el deber de proteger a nuestros hijos y familias y naciones de lo que consideramos que puede dañarles. Un activista LGBTI puede compartir con nosotros su agenda o cosmovisión, como adultos tenemos la capacidad de aceptarla o rechazarla. Pero *con los niños no se metan.*

No insulten nuestra inteligencia tratando de usar ingeniería y manipulación social metiendo una ideología que rechazamos en nuestras casas, escuelas, y centros de trabajo a través de la saturación de todos los programas con ese mensaje.

Tenemos derecho a decir que no. Y lo hacemos, eso no es fascismo, eso no es homofobia, es amor por la familia, por los nuestros, y por lo bueno, es tener los pies bien puestos en la tierra y tener el valor de hacer que se debe hacer por las personas quienes amamos y protegemos.

Cuando alguien decide salir del closet y declararse homosexual o transgénero, la mejor expresión de amor es afirmarle en su conversión, utilizar los pronombres de su decisión, y ayudarle de todas las maneras posibles a que se sienta bien. Si no lo hacemos

es probable que sea muy infeliz hasta el punto de suicidarse. Por el bien de esas personas debemos seguirles la corriente.

Este es un argumento muy utilizado recientemente, especialmente a los padres con relación a hijos que deciden hacer la transición. Pero el argumento, ya lo dijimos anteriormente es falso. Ningún estudio científico serio, a largo plazo demuestra que cuando una persona transiciona en un entorno donde se afirma su decisión su situación psicológica mejora.

El estado psicológico del homosexual no depende de la sociedad, sino de su propio autorechazo. El único estudio a largo plazo realizado sobre personas que se han realizado cirugías de cambio de sexo señala un incremento en los índices de suicidio, intento de suicidio, y depresión en los individuos que han realizado estos procedimientos quirúrgicos.

La mejor expresión de amor, y lo mejor que podemos hacer por estas personas es decirles la verdad, ayudarles a aceptar su cuerpo, su naturaleza, y la realidad biológica con la que están y estarán siempre profundamente interconectados.

Recomendaciones prácticas

El movimiento LGBT ha logrado inundar cada área de nuestras vidas con su ideología. Con moderado éxito han logrado influenciar a nuestros hijos y amigos con su doctrina.

John Clauser, premio Nobel de física, dijo en una ocasión: "Con promoción y marketing la percepción de la verdad se convierte en verdad". Se dice que Joseph Goebbels, ministro de propaganda del régimen nazi, dijo: "Una mentira repetida mil veces se convierte en una verdad". La propaganda LGBTI está haciendo estragos en muchos países del mundo, rompiendo vidas, tronchando futuros, destruyendo sueños.

¿Qué podemos hacer para evitar o limitar la influencia de esta ideología en nuestras familias? ¿Qué podemos hacer cuando ya alguien en nuestra familia, ha sido influenciado por este modo de pensar?

La familia, más que la semilla desde donde surge la sociedad, es nuestro reino y responsabilidad, en ella se forman los futuros hombres y mujeres que darán continuidad a nuestro legado y construirán nuestras naciones.

A continuación, propongo algunas recomendaciones especialmente dirigidas a los padres de familia, aunque sus principios pueden extrapolarse a otras situaciones.

Limitar la influencia de esta ideología en nuestros hogares

Hay una diferencia entre educar a los niños e influenciar a los niños. La educación en muchos lugares ha dejado de ser sobre verdades y principios prácticos para ser sobre ideología, sentimientos, y sensaciones.

Para promover valores tradicionalmente antisociales, estos activistas satanizan conceptos tradicionalmente buenos como familia, paternidad, y biología, verdad, a la vez que santifican conceptos tradicionalmente malos, homosexual, pedófilo, orgía, experimentación sexual fuera del matrimonio, etc.

Cuando la satanización o la santificación de conceptos es imposibles, pasan a su redefinición o eliminación. Por ejemplo:

- Al heterosexual ahora se le llaman cis, que no es un individuo normal, sino otro género entre muchos.
- Un pedófilo no es alguien que abusa sexualmente de niños, sino quien ama a los niños pero nunca tendría relaciones sexuales con ellos, según ellos no es malo ser pedófilo.
- El término mujer, se ha desconstruido sin saber a ciencia cierta cómo definirlo.
- Los pronombres personales, e incluso la autopercepción psicológica de cada uno. Muchos en este movimiento exigen que en los centros de estudio, de trabajo, se les identifique con pronombres personales diferentes a su sexo biológico. En algunos casos piden que se les indentifique incluso con pronombres personales relativos al plural dando a entender que tienen varios géneros entre los que varían.
- Para ellos, el idioma no es "suficientemente inclusivo" así que han optado por sustituir las terminaciones masculinas o femeninas en algunas palabras por "e", "x", o "@".
- Un hombre que se disfraza de mujer y hace bailes eróticos es una "reina" en presencia de niños.
- Los libros pornográficos para los niños son libros de "educación de género",
- Los espacios donde se exponen adultos desnudos son "espacios familiares seguros".

- La sexualidad en los niños para ellos es real, y llegan a afirmar que la relación sexual u homosexual con un niño no necesariamente constituye una violación. Pues los niños son personas sexuales quienes pueden consentir o no participar de ese acto.

La lista es inmensa, y creo que usted va captando la idea. Al incrementar el número de argumentos torcidos hasta el extremo se incrementa el número de batallas absurdas a pelear hasta que la mente, por cansancio, psicológicamente hablando sede. Y comenzamos a dejarnos llevar por la presión social y de los medios.

Estos son mis consejos a los padres de hijos en situaciones de estrés y presión social hacia esta ideología.

1. Reafirme la autoridad suprema de los padres sobre los hijos, por encima de la de los maestros, y otras figuras públicas de autoridad.
2. Desde la seguridad del hogar, converse con su hijo, incluso cuando son muy pequeños, sobre conductas, conversaciones, y situaciones de las que deben huir inmediatamente, y que deben informar a papá y a mamá.
3. No confíe demasiado en personas ajenas a la familia, ni siquiera en profesionales de la salud, la enseñanza, o la sociedad. Supervise todo lo que su hijo está recibiendo como educación o información. Vaya frecuentemente a la escuela, hojee los libros de lecciones, converse con su hijo sobre las clases que recibe cada día, haga equipo con otros padres responsables.
4. Limite la exposición de sus hijos a la influencia LGBT, internet, varios servicios de streaming, novelas, canales de televisión, y filmes hoy en día contienen mensajes sutiles

que buscan sembrar una semilla de confusión en los niños.
Entre los mensajes comunes que puede verse están:

    a.   la normalización de relaciones íntimas entre personas del mismo sexo

    b.   la redefinición de roles sociales destruyendo la masculinidad sana y la femeneidad sana hacia un modelo débil en el hombre e impositivo en la mujer.

    c.   La aserción de que existen los géneros y que estos pueden ser diferentes al sexo biológico.

    d.   La insinuación de que las personas que abrazan la ideología de género son superiores intelectual y socialmente a las personas que no.

5. Tan pronto como sea posible, en su propio criterio y según la situación lo necesite, enseñe a su hijo en amor, con sabiduría, e inteligencia la verdad sobre

    a.   Las diferencias entre un niño y una niña,

    b.   Las partes del cuerpo que son íntimas y no deben ser mostradas o tocadas por otra persona o ellos mismos de maneras inadecuadas, y que son reservadas para más adelante en la adultez y el matrimonio.

    c.   Cuáles son las diferencias biológicas entre un niño y una niña y qué ventajas tiene cada una sobre nuestras vidas y lo importante que es alinearnos con ellas.

    d.   La belleza de potenciar nuestras habilidades y nuestros roles para ser más felices y efectivos para nosotros y quienes nos rodean

    e.   La belleza y roles de la femeneidad y masculinidad saludables.

6. Admita que hay un límite a lo que podemos hacer como padres. Tenga tiempos de oración a Dios por medio solo de Jesucristo con y por sus hijos. Enséñeles a tener una relación con Dios. En el tiempo de confusión clamarán a Dios y Dios ciertamente es galardonador de quienes le buscan.

7. Tenga tiempos de meditación en la Biblia, y enséñeles a deleitarse en las enseñanzas de la Biblia. Edificar su vida sobre la roca de la Palabra de Dios es una garantía contra las tormentas futuras.

8. Tenga paciencia, y tenga en cuenta la edad y madurez psicológica de sus hijos en todas las situaciones.

Cuando alguien cercano abraza la ideología de género

Tristemente, a veces ya es demasiado tarde y los padres tenemos que lidiar con seres queridos que afirman haber descubierto su verdadero género o atracción sexual. En esos casos muchos recurren a la violencia y a la desesperación al sentir que el futuro, y la vida de sus familiares, se escapa delante de sus manos mientras se sienten incapaces de comunicarse con ellos en medio de toda esta algarabía de nuevas definiciones y conceptos.

Lo primero que se debe hacer es reconocer el problema. A veces ocurre que es tan grande, y con tantas implicaciones que simplemente nos negamos a aceptar la responsabilidad de lidiar con él. Y esa negación se libera en ira, en enojo, en frustración. Aceptar la complejidad de la situación nos ayudará a evaluar mejor la dificultad, cuál es el nivel de daño, qué se puede evitar, y qué ya no se puede evitar.

En segundo lugar, buscará modos de liberar energía. La carga física, emocional, intelectual, y espiritual de lidiar con situaciones de este tipo son suficientemente grandes como para dejarnos exhaustos en muchas áreas de la vida. Es recomendable

- separar tiempo para nosotros, en actividades saludables, sanas, de esparcimiento.
- Encontrar una iglesia donde enseñen correctamente la Biblia como la Palabra de Dios y a tener comunión con Dios solo a través de Jesucristo.
- Compartir junto a personas donde pueda encontrar consuelo y apoyo y actividades que le aliviarán profundamente. Deposite su carga sobre Cristo. Trate de encontrar personas con situaciones y conflictos similares a los suyos, y compartan su carga.

La Biblia dice:

> "Y considerémonos unos a otros
> para estimularnos al amor y a las
> buenas obras;[25] no dejando de
> congregarnos, como algunos
> tienen por costumbre, sino
> exhortándonos; y tanto más,
> cuanto veis que aquel día se
> acerca"

(Hebreos 10:24-25)

En tercer lugar, aprenderá a decir "no". Establecerá límites claros en tus relaciones. A veces puede sentirse tentado a decir que sí con tal de evitar problemas o para no sentirse culpable por alguna situación específica. Pero, es importante saber establecer límites razonables y firmes que permitan establecer un punto de referencia sólido, a partir del cual pueda avanzar.

> Los sabios guardan la sabiduría;
> Mas la boca del necio es
> calamidad cercana
>
> (Proverbios 10:14)

Cuarto, cuide la autoestima. Tenga un concepto adecuado de sí mismo. A veces, tendemos a culparnos y autodestruirnos emocionalmente por lo que está ocurriendo. Hay responsabilidades que son nuestras, esas hay que asumirlas. Pero hay responsabilidades que no lo son, y debemos recordárnoslo. Luchar contra nuestros problemas es suficientemente agotador como para añadir problemas imaginarios. La autovaloración de nosotros mismos y nuestras responsabilidades nos ayudará a guardar y dirigir correctamente nuestras energías en el sentido correcto en medio de la crisis que estamos atravesando.

Una persona que se conoce, ni se valora, no podrá aprovechar las herramientas con que cuenta para salir adelante. Una persona que se valora demasiado, tomará responsabilidades más allá de sus capacidades, y fracasará.

> Digo, pues, por la gracia que me es
> dada, a cada cual que está entre
> vosotros, que no tenga más alto
> concepto de sí que el que debe
> tener, sino que piense de sí con
> cordura, conforme a la medida de
> fe que Dios repartió a cada uno
>
> (Romanos 12:3)

Quinto, mejorará sus habilidades de comunicación. Muchas veces sabemos hablar, pero no sabemos hacernos entender. Es importante poder separar las diferencias emocionales de las de criterio, siempre deben resolverse primero las diferencias emocionales, luego, el resto. Debe lograrse el respeto en la comunicación. A veces no se llega a un acuerdo, ese puede ser el acuerdo. No deben imponerse criterios, la comunicación es un proceso. Sea firme en su criterio, ceda cuando se equivoque. Hágase apreciar.

> "Esto habla, y exhorta y reprende
> con toda autoridad. Nadie te
> menosprecie"
>
> (Tito 2:15)

Sea paciente, el amor cubre multitud de pecados. Póngase en lugar de su ser querido y sienta empatía en el proceso.

> "Y ante todo, tened entre vosotros
> ferviente amor; porque el amor
> cubrirá multitud de pecados"
>
> (1ra de Pedro 4:8)

A los padres

Los niños son sumamente sugestionables, fácilmente influenciables. El arma más recurrente que usa el enemigo para romper a nuestros hijos es Internet y las redes sociales. La etapa de la pubertad y los cambios físicos que ocurren durante esa etapa pueden traer confusión, y estrés social para los adolescentes. Durante esa etapa es importante conversar con ellos y explicarles el proceso que están experimentando, su significado e implicaciones para el futuro de sus vidas. Es importante detallarles que están entrando en una nueva etapa de su vida donde sus cuerpos se están preparando para ser adultos.

Durante esta etapa es frecuente que escuchen consejos de amigos de su misma edad, o personas adultas que inspiran confianza, más a menudo, buscan en internet una respuesta a sus interrogantes. En este sentido, es importante siempre saber con quiénes se relacionan nuestros hijos, en la vida real y en las redes sociales ¿A qué tipo de presión de grupo están expuestos? ¿A qué corriente de pensamiento están más expuestos? ¿Qué piensan sus amigos?

En lo posible, siempre es deseable disminuir la exposición no supervisada a Internet. Muchos padres, consumidos por el trabajo y las preocupaciones de la vida, y enfocados en proveer para las necesidades del hogar no se dan cuenta de que están siendo sustituidos por otros "tutores" invisibles a través de las redes sociales.

Los padres sabios limitarán el uso del celular en sus hijos, supervisarán en qué lugares entran, e implementarán una paternidad activa sobre sus hijos. Pasarán "tiempo de calidad" con sus hijos, tiempo en que estarán concentrados cien por ciento en ellos, paseando, jugando, y haciendo tareas rutinarias muy valiosas para los hijos. Durante esos tiempos de calidad, los padres amorosos podrán ver el síntoma de cualquier problema y atajarlo a tiempo.

Quiero añadir algunas sugerencias más específicas para padres de hijos con disforia de género o sentimientos de atracción por personas del mismo sexo:

1. Guíe con empatía: enfatice que realmente cree a su hijo sobre sus sentimientos generales de disforia. Trate de mostrarle en todos los modos posibles de que le entiende

en su sufrimiento. Utilice expresiones afectivas, abrazos, besos, contacto visual, etc.

2. Déle su espacio: permítale hacer lo que él crea, incluso usar ropas del sexo opuesto, aunque puede establecer ciertas limitaciones sobre el decoro y el respeto a la familia. Por ejemplo, que el uso de ropas provocativas no sea público, que en casa no debe haber expresiones indecorosas (según su realidad, y el amor, establezca algunas limitaciones)

3. Establezca límites: Evite usar su nuevo nombre o pronombres, explíquele que es importante tener más tiempo para estar seguros. En algunas ocasiones aisladas, rétele emocionalmente y con amor a apreciar su identidad original. Recuerde que la disforia es un rechazo a su cuerpo biológico. Afirmar las bondades y ventajas de su cuerpo biológico de un modo amoroso es una buena manera de enfrenar la disforia.

4. Reafirme su amor. Hágale entender que, cualquiera que sea la decisión que tome, usted le amará y estará con él.

5. Mantenga y desarrolle su relación interpersonal. Deberá dedicar mucho tiempo, energía, y recursos. Aproveche y cree oportunidades para compartir juntos. Alábele por cada logro real que tenga.

6. Es una situación crítica, quizás requiera medidas críticas y gastos excepcionales, aproveche para ir a lugares que él disfrute y donde puedan pasar tiempo juntos de calidad.

No vea cada oportunidad como un evento donde se resolverá todo el problema, sino como parte de un proceso para una mejor relación padres hijos. En el caso de padres divorciados, es extremadamente importante que en este proceso participe la figura paterna de un modo amoroso, reafirmador, firme, estable. El ideal insustituible es el buen padre. Si el padre no está disponible, un hombre amoroso, maduro, confiable, familiar o amigo que pueda darle buenos consejos puede tratar de ocupar ese espacio.

El proceso puede ser extremadamente lento, difícil, doloroso. Pero, por nuestros hijos, vale la pena cada instante. En algunos casos puede durar unos meses, en otros unos años.

Es importante que los padres sean consistentes y no se desanimen en el recorrido. Es normal que los niños experimenten lapsos de ansiedad o depresión. Por eso debe mostrarse amor y consistencia. Nuestros hijos deben ver en nosotros la única escapatoria real, amorosa, y estable para el caos en que se encuentran sumergidos.

La adolescencia es difícil, para algunos, muy difícil. Es común que los jóvenes prueben diferentes identidades, y generalmente es bueno que lo hagan. Esto no quiere decir que finalmente se volverán homosexuales o transgéneros, simplemente que están confundidos. También es una edad de rebelión, de reexaminan todos los conceptos y criterios que nos han enseñado. El movimiento LGBT lo sabe y por eso trata de insertarse en la mentalidad de nuestros hijos durante esta difícil edad. Tenemos que ser más inteligentes.

Al final, los padres deben tratar de comprender que su hijo está haciendo lo que necesita hacer, y no alejarse de su hijo en ese proceso.

Los padres deben cuidar su propia salud emocional, el proceso puede añadir situaciones difíciles y provocar depresión severa. Establezca metas, límites. Entienda que los hijos toman sus propias decisiones y están viviendo sus vidas. Usted no debe vivir sus vidas. Dependiendo de la edad del niño usted puede establecer reglas más o menos fuertes e inviolables. Pero llega una edad en que las reglas ya no funcionan. Nuestros hijos han zarpado en sus mentes y por mucho que gritemos solo se alejarán más. Entonces, al menos, podemos darles un consejo. Un consejo es un consejo, nada más nada menos. Y debemos entenderlo, dar un consejo como si fuera un orden solo nos va a frustrar. La aceptación de esa realidad le ayudará a llevar la carga que puede manejar, y a enfrentar la realidad de la situación que le ha tocado experimentar.

La oración a Dios por medio solo de Jesucristo es fundamental. Soy testigo del poder sobrenatural de Dios obrando en la vida de las personas. La Biblia dice:

> "Y a Aquel que es poderoso para hacer todas las cosas mucho más abundantemente de lo que pedimos o entendemos, según el poder que actúa en nosotros, [21] a él sea gloria en la iglesia en Cristo Jesús por todas las edades, por los siglos de los siglos. Amén"

> (Efesios 3:20-21).

> "Pues en cuanto él mismo padeció siendo tentado, es poderoso para socorrer a los que son tentados".

> (Hebreos 2:18)

> Y a aquel que es poderoso para guardaros sin caída, y presentaros sin mancha delante de su gloria con gran alegría, [25] al único y sabio Dios, nuestro Salvador, sea gloria y majestad, imperio y potencia, ahora y por todos los siglos. Amén".

> (Judas 1:24-25)

Hay un tremendo poder en el conocimiento profundo que Dios tiene de nuestros hijos. Un conocimiento que ni ellos tienen de sí. La petición a Dios puede obrar poderosamente en la vida de su hijo apretando las tuercas adecuadas para producir en él el cambio correcto hacia el sendero de vida y luz.

"He aquí, tú deseas la verdad en lo más íntimo, y en lo secreto me harás conocer sabiduría. Purifícame con hisopo, y seré limpio; lávame, y seré más blanco que la nieve.

Hazme oír gozo y alegría; que se regocijen los huesos que has quebrantado. Esconde tu rostro de mis pecados, y borra todas mis iniquidades.

Crea en mí, oh Dios, un corazón limpio, y renueva un espíritu recto dentro de mí. No me eches de tu presencia, y no quites de mí tu santo Espíritu.

Restitúyeme el gozo de tu salvación, y sostenme con un espíritu de poder. Entonces enseñaré a los transgresores tus caminos, y los pecadores se convertirán a ti"

(Salmo 51:6-13, LBLA).

Si quieres escapar de la ideología de género

La mejor manera de describir la atracción por personas del mismo sexo y la disforia de género es: confusión. Interpretación errónea de emociones, ideas, criterios. El mundo a nuestro derredor es como es, y nosotros podemos aceptar esa realidad o batallar contra ella. Si bien hay realidades del mundo exterior que se pueden adaptar a nuestras demandas y eso es bueno, hay algunas que nunca lo harán.

No podemos cambiar la influencia de la fuerza de gravedad sobre nuestras vidas. Pero, usando el internet, podemos mejorar las limitaciones de comunicación entre dos personas aunque estén a kilómetros de distancia. Conocer la diferencia entre lo que se puede modificar y lo que no, y aceptarlas es lo que se entiende muchas veces por madurez.

Cuando no somos capaces de distinguir lo que podemos mejorar de lo que tenemos que aceptar, podemos enojarnos y forzarnos a situaciones donde al final, la naturaleza seguirá su curso y nosotros terminaremos rotos. Incluso quienes modifican la naturaleza no lo hacen yendo contra ella, sino canalizándola para aprovechar sus fuerzas. Es así como tenemos agua, electricidad, medios de transporte, y mucho más en nuestros hogares.

Pensar que tendremos éxito yendo contra la naturaleza es un error. Y para salir de ese error debemos comenzar por aceptar la verdad.

La verdad

La atracción por personas del mismo sexo, y sus variantes, es un problema complejo que no en todos los casos se da igual.

Existen toda una serie de argumentos que se han abierto paso en tu modo de pensar y te han llevado a este lugar. Ellos te impulsan, te confunden, te animan, y desaniman. Están allí latentes, perennes. Algunos son verdaderos, otros parcialmente ciertos, y otros totalmente falsos.

Lo primero que vas a hacer es entresacar lo cierto de lo falso, y confrontarte con la verdad. Tomarás los argumentos verdaderos y los atesorarás, luego los tegiversados los corregirás, y los falsos los desecharás, derribándolos como muros para que den lugar a la verdad.

> Por tanto, así dijo Jehová: Si te
> convirtieres, yo te restauraré, y
> delante de mí estarás; y si
> entresacares lo precioso de lo vil,
> serás como mi boca. Conviértanse
> ellos a ti, y tú no te conviertas a
> ellos.

> (Jeremías 15:19)

La diferencia fundamental entre la verdad y la mentira es que la segunda no se sostiene con el paso del tiempo. La verdad a veces es un desafío, pero al final prevalece. La mentira es más fácil de abrazar, pero es débil y frágil como un castillo de naipes. Tú tomarás la senda difícil. Abrazarás la verdad.

> No os conforméis a este siglo, sino
> transformaos por medio de la
> renovación de vuestro
> entendimiento, *para que
> comprobéis cuál sea la buena
> voluntad de Dios, agradable y
> perfecta*.

Un dilema que quizás tengas es saber a quién escuchar en tu interior: a lo racional o a lo emocional. A pesar de lo que se diga comúnmente, las emociones no son siempre dignas de confianza. Es por eso que los criterios de nuestra vida deben edificarse sobre fundamentos con una mezcla de lógica y emociones. Donde la lógica juegue el rol de guía. Si es necesario que una de estas dos voces se sujete a la otra, en este caso, las emociones deberán ceder.

Si las emociones toman primacía absoluta antes que el sentido común y la razón, podrán modificar o forzar un razonamiento lógico hacia límites ilógicos. A veces el nivel de información confusa recibido es tan increíblemente alto y con tanta carga emocional que toma un tiempo identificar los falsos patrones de pensamientos aprendidos. Por eso, es importante que seas capaz de diversificar tu grupo de influencia, escuchar a todos, valorar a todos, y razonar con todos. No insultes, no ridiculices criterios diferentes, escucha, analiza, sé sincero contigo mismo. Rechaza los criterios absurdos, vengan de donde vengan, abraza los criterios racionales. Abraza la verdad.

Contrario a lo que dicen algunos la verdad no es relativa. La verdad es, punto. Lo que es relativo es mi criterio, mi opinión sobre un evento. Pero la verdad es verdad. Si te atreves a comprometerte con la búsqueda de la verdad tendrás beneficios y podrás tomar buenas decisiones.

> "Amor y *verdad* reparan delitos, el
> respeto al Señor aparta del mal.".

> (Proverbios 16:6, BLP)

Las sensaciones

Uno de los elementos que más confusión provoca es el placer. Desde la perspectiva hedonista de esta ideología, el placer es el dios para el que debe vivir, y el que valida todo lo que se hace.

Cuando una persona se involucra en una relación homosexual, y sus terminaciones nerviosas se activan provocando placer, piensa erróneamente: "si estoy sintiendo placer, entonces es que esto gusta y por tanto yo soy homosexual".

La estrategia de reclutamiento LGBT pasa directamente por el énfasis en la experiencia sensorial. Ellos saben que logrando que ocurra una primera experimentación sensorial, los aspirantes apreciarán de primera mano el placer asociado con esta ideología.

Esta primera experiencia puede darse de diversas formas, desde un confuso evento de violación sexual, hasta un consentido intercambio exploratorio de caricias sexuales entre dos personas. Puede ocurrir en edades muy tempranas donde se exhorta a un menor de edad a provocarse placer a sí mismo, o en edades tardías donde un adulto cede a la tentación y se decide a "probar".

La estrategia es una trampa. Cuando expones tu cuerpo a una relación sexual para ver si sientes placer, vas a sentir alguna forma de placer. Y puedes llegar a la conclusión errónea de que ese placer es indicador de quién eres en realidad. Esa es la trampa. Ya se ha demostrado que nadie "es homosexual" como si esto fuera una cualidad que se tiene o descubre. Por tanto, el placer no está diciéndote sí eres o no homosexual, o si estás o no atrapado en el cuerpo de otra persona. Solo te está diciendo que tu cuerpo biológico siente placer cuando se estimulan sexualmente algunas de sus partes. Ahora, qué haras con esas sensaciones depende de ti. Un alcohólico enfrenta el mismo conflicto. Al beber alcohol siente placer, deleite, entra en un estado de euforia y necesita más. La pregunta para el alcohólico es la misma que te debes hacer tú: ¿qué voy a hacer con mi placer? ¿dejaré que el placer gobierne mi vida? ¿dejaré que mi adicción me controle? ¿quién toma las decisiones en mi vida, los estímulos sensoriales de mi cuerpo, o los razonamientos de mis pensamientos?

Entonces, las personas no nacen con la cualidad de ser homosexuales, ni atrapadas en un cuerpo diferente al género que tienen, pero sí pueden tener conductas homosexuales, preferencias sexuales, y confusión de género. La diferencia es importante. La diferencia no está en las sensaciones, sino en lo que decido hacer con la información que esas sensaciones transmiten a mi cerebro. Si decido que mi cerebro se sujete a ellas, mi vida se volverá una locura, y vacuidad. Las terminaciones nerviosas no tienen en cuenta la realidad ni la verdad, solo responden a un impulso eléctrico diminuto, y envían el estímulo al cerebro. Si mi toma de decisiones se sujeta a ellas eventualmente el caos gobernará en mi vida.

Nuestro cuerpo está diseñado por Dios para el deleite en la expresión sexual del matrimonio, con nuestro cónyuge de sexo opuesto. En el diseño de Dios, el cuerpo es parte de una expresión de amor entre una pareja que se ama, y el fruto de ese amor son los hijos. Ahora, una persona confundida o con malas intenciones puede utilizar los mismos botones sensoriales que Dios diseñó para el placer saludable y bueno, y utilizarlos para confundir y promover una idea contraria al diseño original.

El artesano diseña el martillo para clavar, moldear el acero, y construir; pero si con él una persona decide matar a otra, no podemos concluir que el propósito de la existencia del martillo es matar. Para conocer cuál es la esencia del martillo, y saber dónde el martillo será más eficiente debemos ir al diseñador.

Así tampoco la sensación de placer en una relación sexual demuestra que seamos homosexuales. Durante la relación homosexual es lógico que se experimente una amplia gama de emociones y reacciones. A veces, no solo se experimenta placer, también repulsión, asco, vergüenza, confusión, desilusión. La propuesta LGBTI es que esos pensamientos son "retrógradas", provienen de los estigmas sociales, y que solo impiden que se pueda experimentar a plenitud el placer y gozo plenos de quienes realmente somos. Así, animan a desechar la moral, y la lógica, y acallar a la conciencia.

¿Cuál sería, entonces, el argumento que debiera guiar nuestras vidas? En realidad, es un conjunto de argumentos, que en su totalidad nos ayudan a escoger lo mejor y más sensato para nuestras vidas. Lo importante es destronar a las sensaciones de su voz suprema. Son un elemento deseable, pero ciego en cuanto a realidades que van más allá de sí mismo. Por esa razón, es necesario disfrutar el placer pero también someterlo, contenerlo, y encarrilarlo hacia rumbos beneficiosos para nuestro cuerpo y vida.

Existen innumerables ejemplos de conductas guiadas por el placer que son destructivas para el ser humano, la glotonería, la ludopatía, el alcoholismo, y muchas otras adicciones prometen un placer intenso pero destructivo. Quienes someten sus vidas al rey placer terminan finalmente decepcionados, y frustrados.

> "Entonces me dije: Ven ahora, te
> probaré con el placer; diviértete. Y
> he aquí, también esto era vanidad.
> Dije de la risa: Es locura; y del
> placer: ¿Qué logra esto?"
>
> (Eclesiastés 2:1-2, LBLA)

A veces confundimos emociones con espiritualidad. No es lo mismo. Las emociones más profundas no necesariamente afectan nuestro espíritu, apenas tocan la superficie de nuestras almas.

Somos espíritu, alma, y cuerpo. Nuestro espíritu nos da vida y conecta con Dios y el mundo espiritual. Nuestra alma incluye nuestra voluntad, emociones, e intelecto. Nuestro cuerpo agrupa nuestros sentidos, proveyéndonos de sensaciones que nos conectan con el mundo natural.

Prestar solo atención a la información que llega a nosotros a través de los cinco sentidos de nuestro cuerpo es limitar nuestra experiencia como seres humanos. Cuando una persona se involucra en una relación sexual, los cinco sentidos de su cuerpo se saturan de información que transmiten al cerebro y este a nuestra alma. Esas sensaciones, por intensas que sean, no son toda la información que debemos tener en cuenta, también debemos escuchar la voz de nuestro espíritu y de nuestra alma.

Cada uno de estos componentes ejerce una influencia importante en nosotros y en todo lo que hacemos. El cuerpo sin el alma, es monótono, el alma sin el cuerpo, está en coma, el cuerpo sin el espíritu está muerto, el alma sin el espíritu carece de conciencia y de la capacidad de conectarse con Dios.

De modo que, si usted quiere descubrirse a sí mismo, hágalo escuchando a todo su ser. No solo preste atención al placer que siente corporalmente, haga funcionar su mente, analice, tome decisiones, y anímese a sentir emociones profundas y vinculantes.

Dar lugar a las emociones se refiere no solo es sentir la adrenalina de un momento intenso. Pero también es deleitarnos en los rayos de sol sobre una mariposa, o en el agradable olor de la tierra recién mojada, o en el placer maravilloso de hacer lo correcto sin recibir nada a cambio, o actor en amar y ser amados tal y como somos, sin chantajes, sin condiciones, las emociones no están para guiarnos, sino para añadir colores a nuestra vida. Aunque, cuando aprendemos a disfrutar la vida en su orden, aprendemos a valorar el "el placer" de lo bien hecho.

La verdadera espiritualidad

Por último, nuestro espíritu es quien más cerca está de nuestro Diseñador, Dios es Espíritu. Hay momentos en que tenemos que hacer callar a nuestra alma con sus emociones y razonamientos que nos confunden, y a nuestro cuerpo con sus sensaciones, y tenemos que ser capaces de escuchar lo que nuestro espíritu nos está diciendo sobre la plenitud de la vida en el Diseño original de nuestro Creador. Todos gemimos en nuestro espíritu, buscando lo que una vez perdió la humanidad: la relación con Dios.

Por eso es importante orar a Dios, y escucharle. Sé que suena difícil, ilógico, pero Dios es real y habla, y en momentos de desesperación más todavía:

> Los sacrificios de Dios son el
> espíritu quebrantado;
>
> Al corazón contrito y humillado no
> despreciarás tú, oh Dios
>
> (Salmos 51:17)

Debemos aprender a aceptar quiénes somos en nuestra integridad, aprender a entresacar lo precioso de lo vil y a tener el coraje para decidir en ese sentido.

Entonces comienza la batalla. Saber qué es lo bueno no implica necesariamente la capacidad de hacer lo bueno. Estos son algunos principios bíblicos que me han ayudado a mí y a otros a escapar de mis adicciones.

- ✓ **Reconocer** que tengo un problema más grande que yo, soy pecador, y esclavo de ese pecado (Romanos 6:16)
- ✓ **Entender** que yo solo no puedo escapar de esta esclavitud, necesito la ayuda de Dios (Romanos 6:17-18)
- ✓ **Utilizar** la Biblia, meditando en ella en oración, fe, y temor de Dios para comprender las intenciones de mi corazón, descubrir mis debilidades, y percibir lo profundo en mis pensamientos (Hebreos 4:12)
- ✓ **Aceptar** la confrontación de Dios mediante su Palabra, su Espíritu Santo, la oración, y otras personas (Salmo 51:3-4)
- ✓ **Confesar** ante Dios y otros la naturaleza de mis problemas (Santiago 5:16)
- ✓ **Rendir** mi vida, voluntad, y confianza ante Dios y su consejo en la Biblia (Romanos 12:1-2) para que Él haga con ella según estime conveniente, limpiando de mí los malos hábitos, costumbres, modos de pensar, y librándome de todo lo que pueda hacerme mal (Tito 2:14)
- ✓ **Orar a Dios** sobre mis debilidades, confesando mis incapacidades, y pidiéndole su ayuda para ser librado de mis maldades (Salmo 51)
- ✓ **Pedir perdón**, cambiando el rumbo de mi vida, y restituyendo el daño ocasionado, si es posible, a todas las personas que he dañado con mis decisiones y actitudes y adicciones (Números 5:6-8)
- ✓ **Repetir** este proceso en mi vida tantas veces como sea necesario con el fin de ser liberado completamente (Romanos 2:6-7)
- ✓ **Buscar** una relación con Dios, mediante la oración, la meditación en su Palabra, la adoración y alabanza, y la

comunión con otros creyentes (Salmo 133, Mateo 18:20;
Salmo 1; Juan 4:24; Salmo 51; Salmo 100)

✓ **Compartir** esta experiencia con otras personas en
situaciones similares a la mía (Hechos 2:40).

Desarrollando el dominio propio

Según la Biblia, el dominio propio o templanza es uno de los frutos
fundamentales del Espíritu Santo (Gálatas 5:23). Si bien los
principios anteriores pueden ayudarnos a mejorar nuestra relación
con Dios y provocar la influencia sobrenatural de Dios en nuestras
vidas. También necesitamos la capacidad de dominar nuestros
impulsos más fuertes. La templanza, en la Biblia, es un fruto del
Espíritu Santo, y el resultado de un proceso de autoexamen,
autovaloración, autopercepción de nosotros mismos, nuestras
debilidades, capacidades, y fortalezas.

Para que quede claro, el dominio propio bíblico no se refiere solo a
persistencia de nuestro empeño y nuestra fuerza de voluntad. Se
refiere a una operación sobrenatural donde el poder de Dios.

¿Cómo activar el dominio propio de Dios en nuestras vidas?

- mediante la fe,
- la lectura consciente de las Escrituras,
- y el arrepentimiento genuino en oración a Dios.

Ya hemos hablado un poco sobre la fe, y sobre la lectura de la Biblia.
Queda hacer una aclaración importante sobre el arrepentimiento.

Arrepentimiento no es solo el dolor por lo mal hecho y sus
consecuencias, sino el deseo de cambiar el sentido de nuestras
vidas. Suponga que estoy yendo a cierto lugar para hacer cierta
gestión. Y entonces, a mitad de camino, me arrepiento de ir. Si mi
arrepentimiento es real, regresaría por donde vine o iría a otro

lugar. Si continúo yendo, no me habría arrepentido. Muchas personas confunden arrepentimiento con remordimiento, que es un sentimiento de pesar, culpa, o dolor por la acción realizada o por realizar. Arrepentimiento no es el dolor o remordimiento por el robo cometido, sino el deseo de cambiar el rumbo de la vida y devolver el bien robado.

Se dice Einstein una vez dijo que "la locura es hacer lo mismo una y otra vez, esperando obtener resultados diferentes". Una vez que nos damos cuenta de que si seguimos haciendo lo mismo, nuestra vida seguirá en caída libre, lo inteligente es arrepentirnos de esa conducta y buscar la manera real de cambiar nuestro rumbo. Esa es una decisión, no una emoción.

A la hora de desarrollar el dominio propio, trabajamos juntamente con Dios en la reparación de nuestra alma. Nosotros creemos en sus promesas, aprendemos de las Escrituras, y abandonamos nuestros malos pasos, y Dios derrama sus frutos espirituales sobrenaturales dándonos capacidades antes insospechadas. Entonces el cambio imposible se hace realidad.

En este proceso, la sinceridad, el valor para ser sinceros, y la perseverancia juegan un rol importante. Contrario a la creencia popular, el dominio propio no es el resultado de una poderosa auto-negación, sino de la aceptación de la verdad en nosotros y alrededor de nosotros. Es el resultado de un análisis profundo y objetivo de la situación. Las personas tienden a perder el control de sí mismas cuando no tienen toda la información de la situación y por tanto son presa de las emociones antes que la razón.

Cuando aceptamos quiénes somos, nuestras debilidades, y fortalezas, el por qué realmente actuamos como lo hacemos y las consecuencias de nuestras malas decisiones entonces dejamos de ser controlados por impulsos y comenzamos a tomar control de nuestras vidas. Allí es cuando renunciamos a nuestro viejo hombre viciado y abrazamos el nuevo hombre según Dios.

> "En cuanto a la pasada manera de
> vivir, despojaos del viejo hombre,
> que está viciado *conforme a los
> deseos engañosos*, [23] y renovaos
> en el espíritu de vuestra mente, [24]
> y vestíos del nuevo hombre,
> creado según Dios en la justicia y
> santidad de la verdad".
>
> (Efesios 4:22-24)

Por eso es importante que seamos capaces de realizar un análisis sincero de nuestras emociones, deseos engañosos, y modos de pensar.

El siguiente es un ejercicio que recomiendo si quiere escapar de la conducta homosexual o la disforia de género.

Dinámica 1

Este ejercicio lo puede realizar para intentar comprender las verdaderas motivaciones detrás de su conducta y emociones. Los versículos bíblicos que añado en cada pregunta le ayudarán a entender que estamos utilizando principios bíblicos como fundamento para esta dinámica.

Busque un lugar tranquilo, lejos de distracciones donde pueda pensar sin ser molestado. Siga a conciencia cada uno de los pasos A. B. C. D. E. y sus preguntas de seguimiento, sin apresurarse a ir al siguiente. Cada pregunta tiene un propósito señalado entre paréntesis. Sea sincero en sus respuestas. Utilice las evaluaciones en cada etapa para comprender lo que ocurre en su interior.

Contrario a lo que promueve la ideología de género, la atracción sexual puede variar en intensidad y objetivos. En este ejercicio, usted tratará de identificar los factores que producen variaciones en la intensidad y objetivo de su deseo sexual hacia una persona de su mismo sexo.

Idealmente, este ejercicio puede hacerse con ayuda de otra persona que le ayude en el proceso. Esta persona puede hacerle las preguntas que aparecen en el ejercicio y añadir preguntas de seguimiento. Que le ayuden a profundizar en cada respuesta, y obtener más detalles, por ejemplo "¿Por qué piensas eso?", "¿Cómo te sientes al respecto?" "¿Qué relación tiene esta respuesta con la respuesta que diste hace un momento?", etc. La persona que le ayudaría en el proceso no debe emitir juicios o criterios, solo debe ayudarle a obtener toda la información necesaria sobre usted mismo y su situación. Su función es preguntar y proveer otro ángulo a la hora de ver las respuestas que usted da a las interrogantes de la dinámica.

A.   ¿Cómo me siento yo mismo en comparación con la persona que me atrae sexualmente? (Comprendiendo la situación a profundidad)

"He aquí, tú amas la verdad en lo íntimo, Y en lo secreto me has hecho comprender sabiduría"

(Salmo 51:6)

"Escudríñame, oh Jehová, y pruébame; Examina mis íntimos pensamientos y mi corazón"

(Salmo 26:2).

- Imagina a la persona de tu mismo sexo que te atrae eróticamente, observa sus atributos y señala qué es lo que te llama la atención de ella.
- Evalúa, en una escala del 1 al 10, ¿cuánta atracción sexual sientes ahora por esa persona?
- Imagina a la persona ideal que tú quisieras ser. Observa los atributos que necesitas desarrollar.
- Compara esos atributos con los de la persona que te atrae sexualmente. ¿En qué son similares?, ¿en qué son distintos? ¿A qué conclusión puedes llegar luego de la comparación de los atributos?
- Evalúa, en una escala del 1 al 10, ¿cuánta atracción sexual sientes ahora por esa persona?

B. Controla tu cuerpo (practicando el dominio propio)

> "Dios quiere que ustedes vivan consagrados a
> él, que no tengan relaciones sexuales
> prohibidas, [4] y que cada uno de ustedes sepa
> controlar su propio cuerpo, como algo sagrado
> y digno de respeto. [5] Deben dominar sus malos
> deseos sexuales, y no portarse como los que no
> creen en Dios"
>
> (1ra a los Tesalonicenses 4:3-5, TLA).

- Piensa en la persona que te atrae física y sexualmente, obsérvala ahora con mucho más detalle que en el paso anterior, presta atención a lo que más te atrae sexualmente.
- Evalúa, en una escala del 1 al 10, ¿cuánta atracción sexual sientes ahora por esa persona?
- Respira suavemente, toma consciencia de tu cuerpo y de tus pasiones. Apacigua tu alma. Puedes utilizar técnicas de relajación para acallar los impulsos sexuales de tu alma.

"Crea en mí, oh Dios, un corazón limpio, Y
renueva un espíritu recto dentro de mí"

(Salmo 51:10).

- Evalúa, en una escala del 1 al 10, ¿cuánta atracción sexual
  siente ahora por esa persona?

C. Considera las similitudes entre tú y la persona por quien te
   sientes sexualmente atraído (entendiendo mis pasiones)

Hazme oír gozo y alegría, Y se recrearán los
huesos que has abatido

(Salmo 51:8).

"Digo, pues, por la gracia que me es dada, a cada
cual que está entre vosotros, que no tenga más
alto concepto de sí que el que debe tener, sino
que piense de sí con cordura, conforme a la
medida de fe que Dios repartió a cada uno".

(Romanos 12:3)

- Vuelve a la imagen de la persona que te atrae sexualmente.
- Enfócate en las similitudes entre tú y esa persona. Toma
  nota de esas semejanzas.
- ¿A qué conclusión sobre tus deseos puedes llegar a partir
  de esas semejanzas? ¿Qué puedes aprender de ti mismo?
- Evalúa, en una escala del 1 al 10, ¿cuánta atracción sexual
  sientes ahora por esa persona?

D. Analiza las variaciones que ocurrieron en tu atracción sexual
   (sacando conclusiones).

"Sino que cada uno es tentado cuando es llevado
y seducido por su propia pasión"

(Santiago 1:14).

1. Puedes notar que la atracción sexual no varió porque hubiera un cambio en ese individuo, las variaciones dependieron de tu percepción de la situación.
2. Puedes notar que el poder de la atracción pudiera parecer que proviene desde esa persona, pero en realidad viene de ti mismo. De tu narrativa, de tu percepción de ti, y de tu comparación de las cosas que esa persona tiene y tú no.
3. Toma nota de lo que hizo que tu atracción sexual por esa persona variara según tu propósito y planes.

E. Repite este ejercicio varias veces, trata de aprender a entender tu cuerpo, tus pasiones, tus deseos. Puede que la atracción hacia personas de tu mismo sexo vaya disminuyendo a medida que te descubres a ti mismo, a tus razones, a tus motivaciones (persistencia).

Dinámica 2

Este es un ejercicio para renovar nuestra relación con Dios y con nosotros mismos. Para ello utilizaremos el Salmo 51. Este Salmo, escrito por el rey David luego de haber tenido relaciones sexuales inmorales con una mujer y asesinado a su esposo, es un ejemplo muy vívido de la actitud que puede lograr una restauración de la relación con Dios incluso en la peor de las situaciones.

Este es un fragmento del Salmo 51, según la Traducción en Lenguaje Actual, una muy buena traducción que busca facilitar la comprensión de las Escrituras.

Estaremos leyendo el Salmo en tres pasos o maneras.

A. Leerá el Salmo un versículo a la vez, meditando en su significado, en lo que pudo implicar para un hombre depravado para David hacer esas afirmaciones.

B. Ahora leerá el Salmo en voz alta, utilizando las mismas palabras del rey corrupto hablará a Dios. Pondrá todo su empeño y corazón y mente en ello. Utilizará las mismas palabras que David hace miles de años en una situación similar. Al final de la oración, dirá, "en el nombre de tu Hijo Jesús, amén".

C. Ahora leerá el Salmo en silencio, y utilizando palabras diferentes, hablará a Dios guiándose por las palabras del Salmo, un versículo a la vez. Terminará la oración en el nombre de Jesucristo, el Hijo de Dios. Y diciendo amén, que significa: "así sea".

Salmo 51:1-17

Dios mío,
tú eres todo bondad,
ten compasión de mí;
tú eres muy compasivo,
no tomes en cuenta mis
pecados.
2 ¡Quítame toda mi maldad!
¡Quítame todo mi pecado!
3 Sé muy bien que soy
pecador,
y sé muy bien que he
pecado.
4 A ti, y sólo a ti
te he ofendido;
he hecho lo malo,
en tu propia cara.
Tienes toda la razón
al declararme culpable;
no puedo alegar

9 No te fijes en mi maldad
ni tomes en cuenta mis
pecados.
10 Dios mío,
no me dejes tener
malos pensamientos;
cambia todo mi ser.
11 No me apartes de ti;
¡no me quites tu santo
espíritu!
12 Dame tu ayuda y tu apoyo;
enséñame a ser obediente,
y así volveré a ser feliz.
13 A los pecadores les diré
que deben obedecerte
y cambiar su manera de vivir.
14-15 Señor y Dios mío,
Dios de mi salvación,
líbrame de la muerte,

que soy inocente.
⁵ Tengo que admitir
que soy malo de
nacimiento,
y que desde antes de nacer
ya era un pecador.
⁶ Tú quieres que yo sea
sincero;
por eso me diste sabiduría.
⁷ Quítame la mancha del
pecado,
y quedaré limpio.
Lava todo mi ser,
y quedaré más blanco que
la nieve.
⁸ Ya me hiciste sufrir mucho;
¡devuélveme la felicidad!

y entre gritos de alegría
te daré gracias
por declararme inocente.
Abre mis labios
y te cantaré alabanzas.
¹⁶ Yo con gusto te ofrecería
animales para ser
sacrificados,
pero eso no es lo que
quieres;
eso no te complace.
¹⁷ Para ti,
la mejor ofrenda es la
humildad.
Tú, mi Dios, no desprecias
a quien con sinceridad
se humilla y se arrepiente.

Conclusión

Luego de investigar los argumentos de la ideología de género, su historia, fundamentos científicos, sociales, y psicológicos, creo que es importante hacer algunas aclaraciones.

El mensaje LGBTI

La ideología de género engaña y desanima en la búsqueda de una liberación de la conducta homosexual y de la disforia de género. Sus enseñanzas logran que estas personas se resignen y renuncien a ser felices (en la mayoría de los casos), aceptando la realidad que les ha tocado vivir y de la cuál son esclavos.

El mensaje de los activistas LGBT no es uno de amor hacia la humanidad, pues condena a todos los que no lo aceptan. No es un mensaje interesado en buscar la verdad por medios científicos, sino en buscar el consentimiento de su conducta. Tampoco es un mensaje de amor hacia sus acólitos, pues les mantiene engañados y condenados.

Algunos de los científicos que confirman los postulados de la ideología de género no lo hacen a partir de argumentos demostrados y repetibles. Son más activistas que científicos y son seguidores de una agenda política antes que de la ciencia. Otros tantos citan estudios publicados con metodología científica deficiente, análisis de datos políticamente motivados, y períodos de prueba extremadamente cortos.

Tristemente, las estadísticas demuestran que la depresión, el alcoholismo, la inestabilidad emocional, los intentos de suicidio, y suicidios exitoso crecen entre la comunidad LGBT incluso en entornos de aceptación. Otros estudios demuestran que en los individuos que se han sometido a tratamientos de cambio de sexo el índice de intentos de suicidios y suicidios exitoso ha crecido substancialmente.

El mensaje LGBT, en lugar de ser un mensaje de amor para mejorar la calidad de vida de sus seguidores es un mensaje falso, que destruye la vida, y provoca la muerte de miles de personas en todo el mundo.

Sobre la discriminación a otra persona por motivo de su orientación sexual o identidad de género.

Cualquier tipo de discriminación es contraria al mandamiento de Jesús al decir "amarás a tu prójimo como a ti mismo", la discriminación y el desprecio a cualquier individuo son contrarios una máxima evangélica mostrada ampliamente en el castigo al pecado en la cruz: Dios ama al hombre, al morir por él, pero castiga su pecado al condenarlo.

Decir la verdad no es discriminación. Mentir no es amor ni inclusión. El evangelio de Jesucristo nos anima a vivir con humildad, mansedumbre, soportándonos con paciencia unos a otros en amor (Efesios 4:1-2) y a no participar de las malas obras (Efesios 5:11). Por tanto, no podemos participar de este delirio masivo dañino que tanto daño sabemos que hace.

El verdadero cristiano se compromete con la verdad, al precio que sea necesario. Porque la verdad le ha cambiado la vida, porque Jesús es la Verdad (Juan 14:6).

En medio del caos de términos promovido por la agenda LGBT, seamos o no cristianos, de nada nos sirve seguir la corriente de confusión donde no solo ellos están perdidos, sino que al acceder a sus conceptos errados, nos perderá a nosotros. El respeto a los criterios de cada persona no significará renunciar a los nuestros, tampoco implicará imponer los nuestros, pero puede significar exponer La Verdad a los confundidos. Ya de ellos dependerá aceptarla o rechazarla.

Sobre la conducta cristiana

Como cristianos debemos tener la madurez suficiente para distinguir al ser humano detrás de la conducta homosexual, incluso en el militante LGBT que destila odio contra todo el que no piense como él, en el pederasta, o en quien practica la zoofilia. En ellos aún hay un destello de la imagen de Dios, quizás muy oculta por la depravación humana extrema en que viven.

Por otro lado, aunque muchos defensores de este movimiento son agresivos e intolerantes, otros simplemente son víctimas engañadas, confundidas, atrapadas entre las mentiras, la presión social, la depresión, y los fuegos artificiales de esa comunidad.

El cristiano no tiene una posición moral superior desde la cual puede hablar a la comunidad LGBT. Ante los ojos de Dios el transexual está tan destituido de su presencia como el mentiroso. Y si ahora somos cristianos no es porque seamos superiores, sino porque Dios cuando estábamos muertos en nuestro pecado, confusión, adicción, y orgullo decidió darnos "arrepentimiento para conocer la verdad".

> "Porque el siervo del Señor no debe ser contencioso, sino amable para con todos, apto para enseñar, sufrido; 25 que con mansedumbre corrija a los que se oponen, por si quizá Dios les conceda que se arrepientan para conocer la verdad, 26 y escapen del lazo del diablo, en que están cautivos a voluntad de él"

> (2da a Timoteo 2:24-26)

No nos acercamos a otras personas con prepotencia, sino con la humildad de un ex esclavo que le muestra a otro dónde encontró la libertad y una oportunidad para vivir una vida plena.

Aunque, desde el punto de vista eclesial, el desconocimiento sobre el tema ha hecho que muchas iglesias rechacen al homosexual y evadan el tema de su restauración. La iglesia debe tomar la iniciativa al buscar medios de restauración para estas personas, debe publicar y dar a conocer la posibilidad científica de una restauración, para darles esperanza, y ofrecerles la posibilidad real de un cambio total en Cristo, para darles vida eterna en Jesús. Los homosexuales y ex homosexuales necesitan un seguimiento especial en un discipulado posterior a la conversión.

La iglesia debe crear estos métodos especializados y buscar eliminar los tabúes discriminatorios alrededor de estas personas.

Sobre la justicia de Dios

Ha quedado demostrado que Dios no ha condenado al homosexual desde su nacimiento, la caída humana y sus consecuencias ha producido predisposiciones pecaminosas de diversos tipos. La tendencia homosexual hereditaria es una de estas predisposiciones, y puede influir, aunque no decisivamente, en la orientación sexual.

El individuo que nace con una tendencia homosexual no está irremisiblemente maldito por Dios, ni está condenado a ser homosexual, el entorno en que crece y se desarrolla y sus propias decisiones determinarán, en último sentido, si acabará abrazando o no la conducta homosexual.

Además, Dios le da una oportunidad en Cristo. En Jesús hay salvación incluso para la conducta homosexual más extrema. Reconociendo su maldad, y pidiendo perdón a Dios en el nombre de Jesús el homosexual puede ser perdonado y restaurado sobrenaturalmente a una nueva vida.

Dios creó hombres y mujeres. No hubo confusión en Dios, ni existen los llamados géneros. La persona transgénero no es alguien atrapado en un cuerpo diferente a su género, sino alguien que confundido que ha llegado a rechazar su propia naturaleza y el diseño de Dios para su vida, trayendo sobre sí mismo frustración, amargura, depresión y muchos otros males.

El rechazo a Dios, a su propósito y diseño sobre sus vidas es comparable al rechazo que un hijo hace de los consejos de su padre terrenal, decidiendo irse y vivir la vida lejos de la sabiduría paternal. Aquí hay dos problemas, el primero es que la conducta del hijo en sí misma trae su propia mala recompensa. Lejos ya no cuenta con la protección de su padre, ni la provisión de los recursos familiares, ni el consejo en medio de la crisis, ni el abrazo en medio de la desesperación. Y el segundo es que, por mucho que el padre ame al hijo, siendo sincero, no puede negar que el hijo es un rebelde, y está mancillando el honor de la familia. El padre tiene que decidir entre ser justo y reconocer la rebelión y maldad de su hijo y dictar una justa sentencia, o ser injusto negando la rebelión y darle otra oportunidad a un hijo que persevera en la perfidia y la destrucción.

Dios, en su justicia, simplemente nos ha permitido tener lo que queríamos tener, una vida cada vez más lejos de Él. Y lejos de Él no hay luz, ni esperanza, ni bondad, ni amor. Además, ha dictado sentencia: estamos expulsados para siempre del acceso a su presencia.

Pero, en su amor, nos ha dado en Jesucristo un Camino hacia la reconciliación, la oportunidad de ser perdonados, justificados, lavados, y santificados.

"Porque de tal manera amó Dios al mundo, que ha dado a su Hijo unigénito, para que todo aquel que en él cree, no se pierda, mas tenga vida eterna.

[17] Porque no envió Dios a su Hijo al mundo para condenar al mundo, sino para que el mundo sea salvo por él. [18] El que en él cree, no es condenado; pero el que no cree, ya ha sido condenado, porque no ha creído en el nombre del unigénito Hijo de Dios.

[19] Y esta es la condenación: que la luz vino al mundo, y los hombres amaron más las tinieblas que la luz, porque sus obras eran malas. [20] Porque todo aquel que hace lo malo, aborrece la luz y no viene a la luz, para que sus obras no sean reprendidas. [21] Mas el que practica

la verdad viene a la luz, para que
sea manifiesto que sus obras son
hechas en Dios".

(Juan 3:16-21)

Sobre la Creación

En la naturaleza, Dios da una oportunidad al hombre para que
contemple la perfección del Creador, y por más que el hombre
busque, en ella, el origen de un mal como el homosexualismo o la
disforia de género, todas las investigaciones terminan en un callejón
sin salida. La naturaleza no es la causa de este mal.

La sociedad, es decir, el hombre mismo, es (sin excluir las
maquinaciones del maligno) la causa fundamental y más decisiva a
la hora de desarrollar una orientación homosexual. Los males,
pecados, traumas, confusiones, burlas, desprecios, la inestabilidad
matrimonial, la falta de un modelo materno o paterno conforme a la
Palabra de Dios, la promoción social, y el momento e impulso en el
momento adecuado, son algunos de los factores más decisivos
mencionados por los científicos a la hora de ocurrir una decisión por
la orientación homosexual.

"Él es la Roca, cuya obra es
perfecta, Porque todos sus
caminos son rectitud; Dios de
verdad, y sin ninguna iniquidad en
él; Es justo y recto. [5] La corrupción
no es suya; de sus hijos es la
mancha, Generación torcida y
perversa".

(Deuteronomio 32:4-7).

Dios estableció límites y leyes al universo, y a la humanidad. La
violación de las leyes tiene consecuencias en nuestro planeta, y en
nuestras vidas. Somos nosotros mismos, con nuestra ciencia

enloquecida, quienes estamos trayendo dolor a la humanidad. El número de abortos, de divorcios, de abandono infantil, de violaciones, de tráfico sexual, de robos, estafas, y abandono a ancianos ha ido creciendo en los últimos años. Somos los responsables supremos de esta maldad sobre nuestro planeta.

Nuestra humanidad está rota. No solo tenemos la tendencia a hacer lo malo, además tenemos la tendencia de justificarnos a nosotros mismos, no mediante buenas obras o cambios de actitud, sino mediante la redefinición de conceptos y la transformación de nuestro entorno. Así, violamos las leyes que Dios estableció, para que la realidad se acomode a nuestra imaginación. Sin embargo, el universo se rinde a su Creador y finalmente somos nosotros quienes terminamos rotos.

No existen marcadores biométricos que permitan identificar a una persona homosexual o transgénero, no se puede distinguir mediante biopsias, imágenes del cerebro, exámenes de sangre, ni exámenes genéticos, la idea de que administrando poderosas hormonas y cirugías se mejorará una condición inexistente es simplemente infundada e ilógica, propia de un fanático cegado por su ideología.

La solución no está en doblegar a nuestros cuerpos biológicos o a la sociedad humana, sino en rendir nuestras almas al diseño de Dios en Su creación. No podemos seguir actuando como niños gritando en una esquina porque no podemos volar como Superman, es hora de madurar, crecernos, y aprovechar todas las herramientas y el potencial que tenemos en nuestras manos y hacer proezas y honrar el diseño que nos fue dado.

Soluciones disponibles

Dios no es insensible, tirano, cruel o inhumano al exigir un cambio imposible y condenar al pecado. Ha quedado demostrado que el cambio es posible, numerosos médicos de renombre mundial, han logrado la restauración de la orientación sexual en un inmenso número de pacientes. Cada vez son más las personas que detransicionan en el mundo anunciando en todas partes que sí se puede salir del hoyo de la desesperación.

Hasta la fecha, existen tres terapias seculares mediante las que una persona puede lidiar con sus inclinaciones homosexuales:

Terapia de conversión/aversión: sesiones de terapia psicológica cuyo objetivo directo es despertar aversión a los sentimientos eróticos por el mismo sexo. Este tipo de terapias no es recomendada, pues además de que utilizan una forma negativa (aversión) de tratamiento, tienden a ser impositivas y superficiales, hasta el punto de convertirse en modos de tortura psicológica y física. Algunos casos han incluido el uso de hielo sobre los genitales mientras se mostraba material audiovisual homosexual, forzar a las personas a tener relaciones sexuales con individuos del sexo opuesto, y golpes o castigos por cada recaída, etc. [xliv]
Esta "terapia" generalmente es practicada por personas sin entrenamiento y quienes, en su desconocimiento, terminan haciendo más mal que bien al individuo homosexual o trangénero. Esta disciplina ha desarrollado métodos específicos para las personas homosexuales o con disforia de género, tratando solamente el problema de la sexualidad, e ignorando otras facetas de la humanidad que puedan haber provocado esta situación. [xlv]

Terapia reparativa/reintegrativa: terapia psicológica cuyo objetivo es llevar el paciente a descubrir situaciones de su infancia o adolescencia que le han dejado algún trauma, sentimientos de inferioridad en relación con sus semejantes del mismo sexo, baja autoestima o dificultades para socializar. El objetivo primario de estas terapias es sanar traumas, no volver heterosexual a la persona homosexual.
La terapia reintegrativa no busca un cambio directo de la orientación sexual, es algo que ocurre por su propio peso.
La realidad es que quien participa de estos tratamientos terminará sintiéndose mejor, porque "todos nos sentimos mejor sin traumas, con autoestima, y sin compulsiones". [xlvi]
A diferencia de la terapia de conversión, este método utiliza terapias universales, que pueden aplicarse a personas heterosexuales u homosexuales.
Uno de los principios de esta terapia es el SAF (Fluidez de la

Atracción Sexual, siglas en inglés). Ellos presentan numerosos estudios que demuestran que las personas, con el tiempo, cambian el objeto de su atracción sexual. En este sentido, si las experiencias de atracción sexual pueden cambiar sin un esfuerzo consciente aparente, entonces es razonable asumir que algunos individuos pueden influenciar sus atracciones sexuales como resultado del procesamiento de sus traumas u otras emociones o preocupaciones. [xlvii]

La terapia reparativa/reintegrativa ha sido validada en estudios y se ha demostrado que puede ser beneficiosa para personas homosexuales. Algunos profesionales utilizan técnicas como la hipnoterapia y el EMDR (Desensibilización y Reprocesamiento por los Movimientos Oculares) para ayudar a las personas a procesar y sanar los traumas.

Terapia afirmativa: terapia cuyo objetivo es hacer que la persona acepte que tiene atracción al mismo sexo e inducirla a explorar su sexualidad para librarla del sentimiento de culpa.[xlviii]

La terapia afirmativa reconoce y fomenta la diversidad sexual y de género, y busca promover el bienestar emocional y mental de las personas LGBTQ+.

Algunas de las técnicas utilizadas en la terapia afirmativa incluyen la educación sobre la orientación sexual y la identidad de género, el apoyo emocional, el fortalecimiento de la autoestima y la resiliencia, y la exploración y el desarrollo de una identidad coherente.

Lamentablemente, esta terapia reafirma la creencia de que la conducta homosexual es intrínseca del individuo, y que el género es algo independiente de nuestro cuerpo. Aunque afirman estar respaldados por la ciencia, ninguna evidencia científica respalda sus postulados.

Es común que estos terapeutas "proporcionen" información sobre "opciones médicas" y de "transición de género", como bloqueadores de pubertad, tratamientos hormonales, y cirugías de cambio de sexo.

Evidentemente, la terapia de conversión y la terapia afimativa son dos extremos indeseables a la hora de lidiar con un problema tan delicado. Conozco a muchas personas homosexuales, y con disforia de género y he sido testigo de sus experiencias al tratar de salir de ese mundo. Muchas personas e instituciones (iglesias incluidas) en sus mejores intenciones han elegido la terapia de conversión o alguna variación de ellas. Y he visto que son muy ineficaces y traumáticas para mis conocidos.

El problema de la terapia de conversión es que no acepta al individuo a menos que cambie. Es un entorno legalista/moralista que no es saludable para una persona confundida. Jesucristo, quien es el ejemplo supremo de moral cristiana creaba entornos reconciliadores/moralistas. En la terapia de la conversión la solución es la ley para satisfacer la moral. Por eso, la meta es el cambio de orientación sexual (obedecer la ley), sin percatarse de que el desorden sexual no es la causa, sino el síntoma de la enfermedad.

Por otro lado, la terapia afirmativa niega el síntoma y afirma que no existe la enfermedad. Evita el entorno legalista/moralista y crea un entorno reconciliador/amoral. Para ellos la solución es la reconciliación sin la moral. Al desechar la brújula de la moralidad y evitar condenación de la ley, crea individuos que buscan reconciliarse, sin saber con qué reconciliarse.

Desde el punto de vista humano, la terapia reparativa/reintegrativa crea un entorno misericordioso/moral. Trata de comprender los conflictos internos del individuo y de analizar modos de resolverlos. Es un método secular y utiliza métodos poco convencionales como la hipnoterapia y el EMDR en un intento de utilizar todas las herramientas a su alcance para llegar a lo profundo del corazón humano y resolver sus dilemas.

Si usted no es creyente en Jesucristo y no quiere serlo, pero igualmente quiere escapar de la vida homosexual y sus variaciones le recomiendo la terapia reparativa/reintegrativa. Es la más aterrizada, profunda, sincera, y científica. Uno de los requisitos esenciales de esta terapia es que el paciente acuda por su propia voluntad y sin que nada ni nadie lo presione, pues de lo contrario el paciente no es elegible y la terapia no tendrá efectos.

¿Qué resultados esperar de la terapia reparativa/reintegrativa?

1. El paciente no siempre se volverá heterosexual. Para considerar exitoso un caso tendrían que existir sentimientos persistentes de atracción al sexo opuesto durante al menos 5 años después de concluir la terapia. Se dice que estos casos son menos del 30% de los pacientes. Muchos que toman esta terapia y ven resultados alentadores se sienten entusiasmados y anticipadamente anuncian haber dejado de ser homosexuales, pero en muchos casos los sentimientos de heterosexualidad no llegan al plazo mínimo para considerarse exitosos.

2. Entre el 30% que desarrolla sentimientos de atracción por el sexo opuesto, la atracción por el mismo sexo podría no desaparecer. En esos casos los pacientes aprenden a lidiar con esa atracción y controlarla. Aunque suene desalentador, muchos pacientes se sienten felices de haber alcanzado esa habilidad.

3. La gran mayoría de los pacientes que aceptan los alcances y limitación de la terapia, experimentan mejoría y dicen llevar una vida mucho mejor que antes. Incluso los que no terminan considerándose heterosexuales, el simple hecho de abandonar los encuentros sexuales, la pornografía y la masturbación les da una gran felicidad, y les permite tener una conciencia tranquila y vivir con mejores capacidades sociales.

En el sitio web **www.reintegrativetherapy.com**, se puede encontrar videos explicativos y de terapias que pueden ayudarle a tener una idea de cómo se desarrolla este tratamiento.

Lamentablemente, este tipo de terapeutas son extremadamente difíciles de encontrar. Los medios de comunicación, los motores de búsqueda, y las redes sociales desaniman la investigación de cualquier tipo de solución a los problemas que viven las personas con disforia de género o atracción homosexual.

Además de los métodos humanos, Dios ha provisto en Cristo y en su Espíritu Santo una fortaleza sobrenatural para aquellos que sean lo suficientemente sensibles como para aceptar a Jesús como SEÑOR y SALVADOR de cualquier pecado, incluyendo la adicción a las prácticas homosexuales.

La mejor solución que recomiendo, sin desanimar el uso de las terapias reparativas/reintegrativas, es acercanos arrepentidos a Dios quien es "amplio en perdonar" (Isaías 55:7). El abordaje integral de Dios quien nos conoce a plenitud es la mejor promesa de restauración para quienes de alguna manera sufren de la esclavitud a una conducta destructiva.

---

i https://www.christianpost.com/news/grandmother-fighting-to-save-10-y-o-grandson-from-puberty-blockers-gender-transition-speaks-out.html

ii https://respsocfcbuanl.jimdofree.com/blogs/historial/es-t%C3%BA-vida-26-04/

iii

https://twitter.com/AgustinLaje/status/1466483901015203845?ref_src=twsrc%5Etfw%7Ctwcamp%5Etweetembed%7Ctwterm%5E1466483901015203845%7Ctwgr%5E7b1f295c49523a195e43ca8b0e66de44a75b4ac3%7Ctwcon%5Es1_&ref_url=https%3A%2F%2Fwww.aciprensa.com%2Fnoticias%2Flesbianas-feministas-que-asesinaron-al-pequeno-lucio-lo-llevaban-a-marchas-pro-aborto-33827

iv https://www1.cbn.com/mundocristiano/estados-unidos/2022/november/influencer-oli-london-renuncio-a-ser-mujer-trans-al-conocer-y-aceptar-a-jesus-en-su-vida

v https://www.thefp.com/p/i-thought-i-was-saving-trans-kids

vi https://www.gbnews.com/news/nottinghamshire-news-teacher-sacked-pronouns-row-child

vii https://www.dailymail.co.uk/news/article-12082949/Damning-report-finds-one-ten-schoolchildren-want-change-gender-so.html

viii https://www.today.com/parents/teens/police-called-illinois-teacher-offering-book-gay-rcna84144?search=book

ix https://www.wnd.com/2010/10/214105/

x

https://web.archive.org/web/20111026001223/http://notifam.net/index.php/archives/1080/

xi

https://vault.fbi.gov/Alfred%20Kinsey/Alfred%20Kinsey%20Part%202%20of%204/view

[xii] https://archive.org/details/dsm-1/page/n50/mode/1up (páginas 38-39)

[xiii] https://www.nytimes.com/es/2022/05/05/espanol/psiquiatria-gay-fryer.html

[xiv] Manual Diagnóstico y Estadístico de los Trastornos Mentales (DSM-5)

[xv] https://www.apa.org/pi/lgbt/programs/transgender

[xvi] https://www.apa.org/news/press/releases/2021/03/change-gender-identity

[xvii] https://archive.iftcc.org/council-for-choices-in-health-care-in-finland-palko-cohere-finland-2020-recommendation-of-the-council-for-choices-in-health-care-in-finland-palko-cohere-finland-medical-treatment-methods-for-d/

[xviii] https://cnnespanol.cnn.com/video/colorado-pastelero-gays-pareja-torta-homosexual-pastel-vo-rec/

[xix] https://cnnespanol.cnn.com/2021/11/18/florista-arreglo-pareja-mismo-sexo-audiencia-corte-suprema-trax/

[xx] https://adflegal.org/case/knapp-v-city-coeur-dalene

[xxi] https://es.infochretienne.com/articles/proces-en-appel-des-deux-chretiens-condamnes-en-premiere-instance-pour-homophobie/

[xxii] https://www.oas.org/es/CIDH/jsForm/?File=/es/cidh/prensa/comunicados/2021/168.asp

[xxiii] https://psicologiaymente.com/neurociencias/diferencias-cerebro-hombre-y-mujer

[xxiv] https://es.wikihow.com/diagnosticar-disforia-de-g%C3%A9nero

[xxv] https://www.nlm.nih.gov/medlineplus/ency/article/001527.htm

[xxvi] https://es.wikihow.com/diagnosticar-disforia-de-género

[xxvii] http://scielo.sld.cu/scielo.php?script=sci_abstract&pid=S1727-81202002000300005

[xxviii] Homosexualidad: del miedo a la esperanza, una recopilación a cargo de María Consuelo García, 2010

[xxix] González Menéndez, Ricardo. Alcoholismo. Abordaje Integral. Capítulo 4: Etilogía del Alcoholismo. Editorial Oriente. Santiago de Cuba, 2004.

[xxx] http://scielo.sld.cu/scielo.php?script=sci_abstract&pid=S1727-81202002000300005

[xxxi] Biometrics Research Department, New York State Psychiatric

Institute, New York, New York 10032, USA. rls8@columbia.edu

xxxii Archives of sexual behavior: 0004-0002, 1971, Kluwer. La cita es tomada de PubMed que es un servicio de la **U.S. National Library of Medicine** que incluye más de 17 millones de citas de MEDLINE y otros periódicos de vida científica para artículos biomédicos desde 1950. **http://www.ncbi.nlm.nih.gov/pubmed/15274234?ordinalpos=3&itool =EntrezSystem2.PEntrez.Pubmed.Pubmed_ResultsPanel.Pubmed_ RVAbstract**

xxxiii La investigación fue conducida por el Dr. Robert Spitzer, quien fuera uno de los psiquiatras que apoyara la decisión de la APA al eliminar la homosexualidad de la lista de desórdenes mentales y actualmente declara que se cometió un grave error, ha publicado un estudio llamado "Terapia de Reorientación Sexual para Homosexuales"

xxxiv Gerard J. M. van den Aardweg, holandés, Doctor en Psicología por la Universidad de Amsterdam, es especialista en terapia de la homosexualidad y cuenta con una amplia experiencia profesional en este campo. Actualmente ejerce la psicoterapia en Aerdenhout (Holanda). Ha impartido cursos en la Universidad de Brasil y publicado numerosas publicaciones científicas en Europa y Estados Unidos. **http://biblio.upmx.mx http://www.courage- latino.org/index.php?option=com_content&task=view&id=118&Ite mid=70**

xxxv **www.aciprensa.com**

xxxvi **http://scielo.sld.cu/scielo.php?script=sci_abstract&pid=S1727- 81202002000300005**

xxxvii **http://scielo.sld.cu/scielo.php?script=sci_abstract&pid=S1727- 81202002000300005**

xxxviii

http://www.ncbi.nlm.nih.gov/pubmed/16552981?ordinalpos=1&itool =EntrezSystem2.PEntrez.Pubmed.Pubmed_ResultsPanel.Pubmed_ DiscoveryPanel.Pubmed_Discovery_RA

xxxix **https://pubmed.ncbi.nlm.nih.gov/25446798/**

xl **https://pubmed.ncbi.nlm.nih.gov/11265836/**

xli **https://pubmed.ncbi.nlm.nih.gov/18706118/**

xlii **https://www.ncbi.nlm.nih.gov/pmc/articles/PMC3043071/**

xliii **https://www.beliefnet.com/espanol/iglesia-presbiteriana-autoriza- a-pastores-casar-parejas-homosexuales.aspx**

xliv **https://hal.science/hal- 03745648/document#:~:text=Las%20terapias%20de%20conversión%2 0sexual,comportamiento%20a%20la%20norma%20heterosexual.**

[xlv] http://repositorio-digital.cide.edu/bitstream/handle/11651/3566/164473.pdf?sequence=2

[xlvi] http://repositorio-digital.cide.edu/bitstream/handle/11651/3566/164473.pdf?sequence=2

[xlvii] https://static1.squarespace.com/static/5987bcaeebbd1aa4143952f8/t/631628f3d8e297550abdb63f/1662396660461/JHS+-+Pela+%26+Sutton.pdf

[xlviii] https://adolphblog.blogspot.com/2023/06/las-terapias-de-conversion.html?m=1

www.ingramcontent.com/pod-product-compliance
Lightning Source LLC
Chambersburg PA
CBHW070941250726
48663CB00001B/26